Prag

Thomas Veszelits

W0196820

Neu: Exklusive Reisetipps auf www.merian.de!

Inhalt

Erläuterung der Symbole

 *Für Familien mit Kindern
besonders geeignet*

*Diese Unterkünfte haben
behindertengerechte Zimmer*

 *In diesen Unterkünften
sind Hunde erlaubt*

 CREDIT *Alle Kreditkarten
werden akzeptiert*

 *Keine Kreditkarten
werden akzeptiert*

*Preise für Übernachtungen im
Doppelzimmer ohne Frühstück:*
●●●● *ab 330 €*   ●● *ab 120 €*
●●● *ab 220 €*   ● *ab 80 €*

 *Preise für ein Menü mit Vorspeise
und Dessert, ohne Getränke:*
●●●● *ab 1300 Kč*   ●● *ab 700 Kč*
●●● *ab 1000 Kč*   ● *ab 400 Kč*

MERIAN-TopTen
*Höhepunkte in Prag, die
Sie unbedingt sehen sollten*
←···· Klappe vorne

✴ **Karten und Pläne**

*Die Buchstaben-Zahlen-Kombinationen
im Text verweisen auf die Planquadrate
der Karten, z. B.*

⤑ S. 119, F 21 Kartenatlas
⤑ S. 55, b 2 Detailkarte innen oder
Umschlagkarte vorne

 **MERIAN-Tipps**
*Tipps und Empfehlungen für
Kenner und Individualisten*
Klappe hinten ⤑

Prag stellt sich vor

Nicht selten scheint über dieser Stadt etwas Geheimnisvolles zu liegen. Um viele Paläste, Heiligenstatuen und Kirchen ranken sich Legenden.

Prag caput regni – Prag, die Hauptstadt der Macht. Die »Hunderttürmige«, das »Herz Europas«, die »Mutter aller Städte« – die »Perle an der Moldau« hat viele Namen.

Prag ist die westlichste Metropole des Ostens. Sie liegt im Herzen Europas, genau zwischen Berlin und Wien, und vereint die Vorzüge beider Welten. Mit der EU-Osterweiterung ist der Anschluss zur Zukunft geschafft. Die »Goldene Stadt« wird neu entdeckt. In der Tradition kommt manchmal eine seltsame Hassliebe zur Stadt auf literarische Weise zum Vorschein. Franz Kafka schrieb: »Prag gibt nicht frei. Niemanden von uns ... An beiden Enden müsste man sie anzünden, an Vyšehrad und Hradčin, dann wäre es vielleicht möglich, sie loszuwerden ...« Vielleicht! Denn glühende Liebeserklärungen folgen: »Die Prager verstehen mich«, schwärmte Mozart in Prag und komponierte hier seine Erfolgsoper »Don Giovanni«.

Der Schriftsteller Franz Kafka ist auch im heutigen Prag noch sehr präsent.

Was ist es aber, was diese Stadt so außergewöhnlich macht? Sie ist ein Gesamtkunstwerk, aus dem einige Edelsteine herausragen, wie die Burg Hradschin, die wie die Sonne auf einem Hügel aufgeht. Und natürlich die Moldau, die Lebensader der Stadt. So geliebt, dass Nationalkom-

Hradschin und Moldaukai

ponist Bedřich »Friedrich« Smetana die Sinfonie »Moldau« komponierte, voller Pathos und Heimatverbundenheit. Für die Patrioten des 19. Jahrhunderts gab es denn auch keine Zweifel daran, wo sie ihr »Goldenes Kapellchen« errichten sollten: Das Nationaltheater steht direkt am Moldaukai.

Prag zeigt zu jeder Jahreszeit ein anderes Gesicht. Im Frühling zeigt sich die Stadt im Gewand grünender Bäume und sprießender Blüten. Im Sommer ist Prag voller Besucher, hektisch und manchmal sehr anstrengend. Zu Weihnachten hingegen entdeckt man die Prager Seele. Aber eigentlich ist der Herbst die stimmungsvollste Jahreszeit. Wenn der erste Nebel fällt, machen die Schatten aus der Altstadt jene berühmten

Mördergassen. Die Statuen scheinen lebendig zu werden, die steinernen Schlangen sich zu bewegen, die Satanskreaturen hörbar zu lachen. Herkules und Jupiter, diese kämpfenden Giganten, erscheinen im Mondschein als Silhouetten. Und die Brückenheiligen schauen grimmig drein. Prag ist eben nicht nur die Goldene Stadt, sie ist auch die Stadt der Nachtfantasien. Es verwundert nicht, wenn die Prager behaupten, dass es überall spukt. Geister und Gespenster gehen um, einer hat gar Weltruhm erlangt: der Golem. Das Lehmmonster des Rabbi Löw ist zu neuem Leben erwacht. Allein den **Alten Jüdischen Friedhof** besuchen jährlich zwei Millionen Touristen. Dass die übrigen Sehenswürdigkeiten nicht im Schatten stehen, dafür sorgen allerorts die Legenden. Ist ein Bau nicht fertig geworden, schiebt man es den Umtrieben von kopflosen Gespenstern zu. Und noch eine Kuriosität: Zu jedem Stück in Prag gibt es ein Gegenstück. Die **St.-Veits-Kathedrale** für die päpstlichen Könige, die **Teynkirche** für die Prager Bürger.

Die Hussiten machten im 15. Jahrhundert aus Prag eine rebellische Stadt, indem sie den Kampf für Religionsfreiheit einleiteten. Die Jesuiten wiederum igelten sich in Prag ein, um hier eine Bastion der Gegenreformation zu schaffen. Ihnen verdankt die Stadt ihre barocke Pracht; denn Prag sollte noch römischer als Rom werden. Viele Kirchen lassen den Besucher an die Ewige Stadt denken. Italienische Architekten haben das Stadtbild zweifellos geprägt, und trotzdem wurde Prag ein böhmisches Original. Gleichzeitig repräsentiert die Moldaustadt eine multinationale Kultur: Tschechen, Deutsche und Juden schufen in der Vergangenheit eine Tradition, die für Europa Maßstäbe setzen sollte.

Mehrmals läuteten hier die Schicksalsglocken Europas. Der Funke für den Dreißigjährigen Krieg und die Zweiten Weltkrieg zündete unheilvoll in Prag; neue Hoffnung keimte aus dem »Prager Frühling« 1968 – und 20 Jahre später ging die freiheitliche Saat auf: Die Mauer und der Eiserne Vorhang sind gefallen. Heute ist Prag eine der lebhaftesten Metropolen Europas. Wer gestern erst hier war, wird schon morgen viel Neues finden.

Ich sehe eine große Stadt, deren Ruhm die Sterne erreichen wird«, prophezeite die Přemyslíden-Fürstin Libuše. Mit einem einfachen Bauern verheiratet, schickte sie diesen, die Grenzen der künftigen Traumstadt zu pflügen. So steht am Anfang Prags eine schöne Frau – bezeichnend dafür, dass hier so viel Schönheit erblühte. Diese Gründungslegende aus dem 9. Jahrhundert ist auf dem Vorhang des Nationaltheaters dargestellt.

Eine erste Siedlung soll am Vyšehrad, dem Burgfelsen im Süden der Altstadt, entstanden sein, belegt ist dies allerdings nicht. Die Moldau hat hier Stromschnellen, die in Liedern und Gedichten besungen wurden. Der Karawanenweg der Händler führte daher auch weiter flussabwärts. Also verlegten die Přemyslíden ihren Sitz auf den Hügel am anderen Ufer; so entstand der Hradschin. Die Marktstätte unten im Tal trug den Namen Praha, nach dem Wort »práh« = Schwelle. Hier konnte man die Moldau gefahrlos überqueren, es war die seichteste Stelle.

Die erste Siedlung breitete sich um 1100 unter dem heutigen Altstädter Ring aus, der später aufgeschüttet

16 Brücken führen über die viel besungene Moldau.

Das Repräsentationshaus »Obecní dům« ist Sinnbild für den Prager Jugendstil.

wurde. In den dortigen Katakomben liegen die ersten Straßen von Prag.

Als man die Überreste des heiligen Veit und des heiligen Wenzel auf den Hradschin verlegte, wurde Prag zur Pilgerstätte für alle Tschechen, je-

Albträume, Kafka und Mystik

nem Volk, das ursprünglich aus dem Becken des Dnjepr aufgebrochen war, um ein von Kelten geräumtes Gebiet einzunehmen. Die Römer nannten das Gebiet »Boiern«, daher wohl auch das deutsche Wort »Böhmen«.

Ein Luxemburger führte Böhmen und Prag zum Glanz: der deutsch-römische Kaiser Karl IV. Mit 24 Jahren war er auf den böhmischen Thron gelangt, und lange Jahre hatte er Zeit, eine Metropole nach seinen Wunschvorstellungen zu gestalten. Es ist immer noch Karls Prag, das wir heute erleben und bewundern. Damals, bei der Entstehung, jagte ein Superlativ den anderen: Die erste Universität Mitteleuropas, das Carolinum, wurde 1348 gegründet. Der Pferdemarkt wurde in Europas breitesten Boulevard umgewandelt, den heutigen Wenzelsplatz, 750 Meter lang und 60 Meter breit. Aus dem Viehmarkt machte der Kaiser seinen Karlsplatz, eineinhalb Kilometer lang. Und für die Armen sorgte er auch: Wer an der »Hungermauer« arbeitete, bekam täglich Suppe und Brot. Dieses Bollwerk auf der Westseite des Petřín-Berges inspirierte Franz Kafka wohl zur Erzählung »An der Chinesischen Mauer«. Reste davon sind noch erhalten, zur Freude von Spaziergängern, die hier ein romantisches Plätzchen vorfinden. Den Rat Karls, Prag nicht zu verlassen, sollte man auch heute noch beherzigen, denn außerhalb der Alt- und Neustadt beginnen die grauen Industrieviertel. Das Herz von Prag ist aus Gold, aber es schlägt in einer Brust aus Eisen – sagt man. Ein Drittel des Bruttosozialprodukts des Landes entsteht in der Hauptstadt. Das Erbe aus 40 Jahren Sozialismus verschandelt die Randbezirke mit ihren grauen und recht trostlosen Trabantenstädten. Das Gift der Fabrikschornsteine macht auch dem Prager Barock zu schaffen, lässt unersetzliche Mosaikkunst verschwinden und die Gesichter der Steinheiligen verstauben.

Warum aber ist all diese Pracht im Zentrum entstanden? Auslöser dafür war die Verlegung des Habsburger Hofes 1583 nach Prag durch Kaiser Rudolf II. Dieser regierte sein Reich, das sich über halb Europa erstreckte, vom Hradschin aus. Er war ein merkwürdiger Monarch, der jedwede Veränderung fürchtete, der die Zeit einfrieren und jegliche Bewegung in geistige Regionen verlegen wollte. Was er bewirkte, war ein großartiger Auf- schwung der Wissenschaften und Künste. Alchimisten und Zauberer, Abenteurer und Zeremonienmeister strömten in die Hauptstadt der Illusion, die alsbald aus allen Nähten platzte.

Um diesen Kaiser zu verstehen und auch Prag zu begreifen, betrachte man aufmerksam die Gemälde von Giuseppe Arcimboldo. Er porträtierte den Kaiser schonungslos als Vegetationsgott Vertumnus, zusammengesetzt aus Früchten und Gemüse des Herbstes. An welchem Königshof war es sonst erlaubt, den Herrscher als Kohl- und Krautkopf darzustellen? Jeder andere König hätte seinen Hofmaler für derlei Unverfrorenheit in den Kerker geworfen. Nicht aber in Prag, der Stadt der Freidenker, Ketzer und geistigen Rebellen.

So etwas sprach sich herum. Wer bei den Habsburgern Karriere machen wollte – und das wollte der neureiche deutsche Adel –, baute sich in Prag bombastische Paläste. Als wollten sie alle laut ausrufen: Schaut her aus Wien, so reich sind wir, heißen Nostitz, Sternberg, Lobkovicz oder Thurn & Taxis. Habt Ihr Habsburger nicht einen guten Posten für uns?

Exemplarisch für eine solche Karriere war ein gewisser Graf von Gallas, der die Habsburger bei der Vergabe von einflussreichen Posten beriet. Dieser stammte selbst noch von einem Pferdeknecht Albrecht von Wallensteins ab: der Großvater noch Adjutant, der Enkel bereits Palastbesitzer eines der schönsten Barockbauten Prags, des **Clam-Gallas-Palais**.

Geschichte und Geschichtchen, davon lebt Prag heute wieder. Nach Prag fährt man zum Bildungsurlaub, um Mozarts Musik authentisch im Garten der Villa Bertramka zu hören, die Prager Philharmoniker vor Ort im Rudolfinum zu erleben.

Die Wandlung von einem melancholischen Freiluftmuseum mit Patina der sozialistischen Zeiten in eine trendige Metropole vollzieht sich in atemberaubendem Tempo. Das Zentrum und ganze Stadtviertel wurden nahezu komplett renoviert, Paläste restauriert, vergessene Gärten und geheime Tore geöffnet. Die alte Pracht strahlt wieder in frischen Farben. Die neue Fröhlichkeit in den Köpfen löste sogar den braven Soldaten Schwejk ab. Die

Mozart, Schwejk und Moderne

Kultfigur des passiven Widerstandes hat ausgedient! Um Kafka entstand dagegen ein Pop-Kult. Nebenher katapultierte sich Prag zum neuen Hollywood des Ostens. Die Zahl der Shopping-Zentren mit avantgardistischer Architektur wächst stetig. Glanzvolle Alu-Fassaden stehen im Kontrast zu habsburgischem Barock. In alten Gassen stößt man auf coolgestylte Cafés, in den mittelalterlichen Häusern entstehen exklusive Boutique-Hotels. Aber keine Bange, im Labyrinth der Altstadt findet man immer noch genügend Ecken, in denen die Zeit stehen geblieben ist. Dort erliegt man gerne der Mystifikation, die Prag als eine Märchenstadt verklärt – und so empfindet man sie auch.

Gewusst wo …

Kristallleuchter, Messingdekor und Marmorwände: Die altehrwürdige Kavárna Obecní dům im Repräsentationshaus steht ganz im Zeichen der Prager Kaffeehauskultur.

Könige, Ritter, Pop- und Filmstars. Vergangenheit und Gegenwart verschmelzen in Prag zu einer aufregenden Jetzt-Zeit. Hightech tickt neben Gotik und Barock, Glamour strahlt in den engen Gassen.

Übernachten

Schlafen wie ein König. Das historische Ambiente
Prags lädt zum romantischen Aufenthalt ein.

Für Liebhaber der Nostalgie: das frisch renovierte Jugendstilhotel Paříž.

Klein aber fein. In der Altstadt nobel und trendig gebettet zwischen Klostergemäuern, in fürstlichen Palästen oder in einer ehemaligen Druckerei. Renaissancegemächer wurden zu luxuriösen Suiten mit Whirlpool umgebaut. An der Decke prunkt kostbarer Stuck im Jugendstil. Das duftende Frühstück wird in mittelalterlichen Katakomben oder auf den Terrassen mit Moldau-Blick serviert. Doch planen Sie sorgfältig, denn Traumbetten haben ihren Preis.

Und jeden Monat macht ein neues Hotel auf. War gestern noch ein Art-déco-Palast in aller Munde, so ist heute ein Art-Hotel mit Designer-Ambiente im Gespräch. Die Traditionshäuser können mit Stammgästen rechnen, denn auch in Prag hat sich eine Art Treue zu bestimmten Hotels entwickelt. Bei manchen lässt der Original-Jugendstil über Mangel im Service hinwegsehen. Andere Hotels sind wegen ihrer Lage einmalig. Und jeder preist seinen Geheimtipp an. Die Hollywood-Stars schwören auf den Luxus des »Four Seasons«. Besonders reizvoll ist es, auf der Moldau zu übernachten, auf dem schwimmenden »Botel Admiral«. Ins Guinnessbuch der Rekorde wurde auch das »Clementin« aufgenommen – das schmalste Hotel der Welt. Auf jeder Etage befindet sich lediglich ein Zimmer, zu dem eine steile, mittelalterliche Treppe führt.

Ob Kaiser-Suite oder fürstliche Zimmerflucht, man hat die Qual der Wahl. Aber schließlich findet inzwischen jeder Besucher das Ambiente nach seinem Geschmack. Neben historischem Interieur bieten einige Hotels auch Zimmer im futuristischen Wohndesign. Nur nach dem Preis sollte man lieber nicht fragen. Das exklusive Wohnen muss man sich einfach gönnen. Wert ist es auf jeden Fall. Die Preisklassen werden in Euro dargestellt, da viele Hotels ihre Preise in Euro angeben.

AVE ⠂⠂⠂⠶ S. 115, D 15
Vermittelt Zimmer in allen Preisklassen gegen Gebühr.
Wilsonova 8; Tel. 2 24 48 23 80, Fax 22 42 23 22 26; Metrolinie C bis Hlavní nádraží

HOTELS ●●●●
Aria Hotel ⠂⠂⠂⠶ S. 112, D 10
Hier spielt die Musik: Klassik, Jazz, Oper. Jedes Stockwerk hat eine andere Stilrichtung zum Thema, eingerichtet von New Yorker Designern. Traumhafter Blick in die Kleinseitener Barockgärten. Harmonie pur.
Malá Strana, Trziste 9; Tel. 2 25 33 41 11, Fax 2 57 53 53 57; www.ariahotel.net; Tram 12, 22 bis Malostranske námestí; 52 Zimmer ●●●● CREDIT ♿ 🐎

Corinthia Towers Hotel
⠂⠂⠂⠶ S. 119, D 23
Turmhotel mit etwas ungemütlicher Lobby, aber fabelhaftem Fernblick auf den Hradschin. Zum Hotel gehören ein Fitnesscenter mit Squash, Pool auf dem Dach sowie ein Casino.
Kongresová 1; Tel. 2 61 19 13 79, Fax 2 61 21 16 23; www.corinthia.cz; Metrolinie C bis Vyšehrad; 531 Zimmer ●●●● CREDIT ♿

Élite Hotel ⠂⠂⠂⠶ S. 113, F 11
Ein restauriertes Schlossanwesen mitten in der historischen Neustadt. Balken und himmlische Fresken aus der Renaissance, Fürstensuite mit Gewölbe, schöner Innenhof. Restaurant, Music-Club, Tiefgarage.
Ostrovní 1; Tel. 2 24 93 22 50, Fax 2 24 93 07 87; www.hotelelite.cz; Metrolinie B bis Národní; 77 Zimmer ●●●● CREDIT ♿ 🐎

Esplanade ⠂⠂⠂⠶ S. 115, D 15
Früher und heute eines der feinsten Häuser der Stadt. Marmorbäder und Möbel im Stil von Maria Theresia.
Washingtonova 19; Tel. 2 24 50 11 11; Fax 2 24 22 93 06; www.esplanade.cz; Metrolinie C bis Hlavní nádraží (Hauptbahnhof); 65 Zimmer ●●●● CREDIT 🐎

*Barock-Residenz »Zum eisernen Tor«
mit romantischem Innenhof.*

Four Seasons   ---» S. 114, A 13
Erste Adresse am Platz: 400 Jahre Architektur von Barock bis Postmoderne unter einem Dach. Blick auf Hradschin und Karlsbrücke. Feine italienische Küche.
Veleslavínova 2a; Tel. 2 21 42 70 00,
Fax 2 21 42 77 77; www.fourseasons.com;
Metrolinie A bis Staroměstská; 162 Zimmer ●●●● CREDIT ₺

Grandhotel Bohemia   ---» S. 114, C 13
Ein Juwel unter den renovierten Traditionshotels. Der Boccaccio-Ballsaal aus den dreißiger Jahren ist der schönste Tanzsaal Prags.
Králodvorská 4; Tel. 2 32 34 17, Fax
2 32 95 45; Metrolinie B bis Náměstí Republiky; 78 Zimmer (jedes mit eigenem Fax) ●●●● AmEx MASTER VISA ₺

Hilton   ---» S. 111, E 8
Unter dem Atriumdach mehrere Restaurants, Bars sowie ein Swimming- und ein Whirlpool. New Yorker Treiben im Lichthof, surrealistischer Ausblick auf den Stadtteil Žižkov.
Pobřeží 1; Tel. 2 24 84 11 11, Fax
2 24 84 23 78; www.hilton.com; Metro-

linie B und C bis Florenc; 780 Zimmer
●●●● CREDIT ₺

Josef   ---» S. 114, B 13
Ultimatives Londoner Design-Ambiente. Weiße Wände, Edelstahl, orangefarbene Sitzgarnituren, und hinter dem grünen Panzerglas kommt man sich wie ein Fisch im Aquarium vor. Models und Modemacher mögen's kühl.
Staré Město, Rybná 20; Tel. 2 21 70 01 11,
Fax 2 21 70 09 99; www.hoteljosef.com;
Metrolinie B bis Náměstí Republiky; 110 Zimmer ●●●● CREDIT ₺

Palace   ---» S. 114, C 14
Zur Jahrhundertwende im schönsten Jugendstil erbaut und inzwischen aufwendig renoviert. Gepflegte Zimmer. Mit französischem Restaurant, Salat-Bistro, Piano-Bar und Casino.
Nové Město, Panská 12; Tel. 2 24 09 31 11,
Fax 2 24 22 12 40; www.palacehotel.cz;
Metrolinie A und B bis Můstek; 125 Zimmer ●●●● CREDIT ₺

Teatrino Arcotel   ---» S. 115, F 14
Hip! Ehemaliges Kulturhaus mit Designerambiente als Kontrast zum Gründerzeitstil; im Arbeiterviertel Žižkov.
Prag 3, Bořivojova 53; Tel. 2 21 42 21 11,
Fax 2 21 42 22 22; www.arcotel.at; Tram
5, 9 bis Lipanská; 75 Zimmer ●●●●
AmEx MASTER VISA ₺

HOTELS ●●●
Clementin   ---» S. 114, A 14
Das schmalste Hotel der Welt, nur ein Zimmer (3,20 m) breit, stilvoll für Romantikfans möbliert.
Staré Město, Seminářská 4; Tel.
2 22 22 17 98, Fax 2 22 22 17 68; www.
clementin.cz; Metrolinie A bis Staroměstská; 9 Zimmer ●●● AmEx MASTER VISA

Maximilian   ---» S. 114, B 13
Designer-Hotel im Zentrum, an einem Kirchenplatz versteckt.
Josefov, Haštalská 4; Tel. 2 25 30 31 11,
Fax 2 25 30 31 10; www.maximilianhotel.
com; Metrolinie B bis Náměstí Republiky;
72 Zimmer ●●● CREDIT ₺

MERIAN-Tipp

① U raka (Zum Krebs)

Mitglied der Romantik-Hotelkette in Prag. Ein kleiner Bauernhof aus dem Jahr 1739, vom bekannten Lifestyle-Fotografen Alexander Paul mit Liebe zum Detail restauriert. Kaminstube, Wintergarten, Sammlerstücke im Backstein-Ambiente kunstvoll ausgestellt. Mörser, Pfeffermühle, Waagen. Einmalig die idyllische Lage unterhalb des Marienwalls, in einer verträumten Ecke hinter dem Loreto-Heiligtum versteckt.

Hradčany, Černinska 10; Tel. 20 51 47 92, 2 05 11 10, Fax 20 51 05 11; www.romantikhotels.com/prag; Tram 22: Pohořelec; 6 Zimmer ●●● bis ●●●● CREDIT 🐾   ┅┅⟩ S. 112, B 9

Pyramida   ┅┅⟩ S. 112, östl. A 10
Oberhalb der Burg Hradschin und Kloster Strahov. Plattenbau in Pyramidenform, komplett renoviert; Schwimmbad, Restaurant und Bar.
Bělohorská 24; Tel. 2 33 10 21 11, Fax 2 33 35 61 59; www.hotelpyramida.cz; Tram 22 bis Bělohorská; 340 Zimmer ●●● AmEx MASTER VISA ♿ 🐾

Roma   ┅┅⟩ S. 113, E 11
Nahe der Kampa-Insel: Ein sonniges Hotel mit denkmalgeschützter, verschnörkelter Fassade aus der Mozart-Zeit, akribisch renoviert. Mit Designer-Atrium und neuem Trakt im Innenhof. Acht Zimmer sind antik möbliert. Tiefgarage.
Malá Strana, Újezd 24; Tel. 2 57 32 68 90, Fax 2 57 32 40 95; www.hotelroma.cz; 87 Zimmer; Tram: 6, 9, 12, 22 bis Újezd ●●● CREDIT ♿ 🐾

U krále Karla (Zum König Karl)
   ┅┅⟩ S. 112, C 9
Renoviertes Renaissance-Haus, Decken aus dem 15. Jh., stilvolle Einrichtung, tolle Lage bei der Burgrampe. Zum Verlieben!

Malá Strana, Úvoz 4; Tel. 2 57 53 35 94, Fax 2 57 53 09 19; www.romantichotels.cz; Tram 22 bis Pohořelec; 19 Zimmer ●●● AmEx MASTER VISA 🐾

U tří pštrosů (Zu den drei Sträußen)
   ┅┅⟩ S. 113, E 10
Das einzige mittelalterliche Hotel in Prag. 1597 vom königlichen Lieferanten für Federschmuck erbaut. Die Deckenbalken sind aus dem 17. Jh. Empfehlenswertes böhmischen Restaurants Prags im Hause und die Karlsbrücke in unmittelbarer Nähe.
Malá Strana, Dražického náměstí 12; Tel. 2 57 53 24 10, Fax 2 57 53 32 17; www.upstrosu.cz; Metrolinie A bis Malostranská; 18 Zimmer ●●● CREDIT 🐾

U železných vrat
(Zum eisernen Tor)   ┅┅⟩ S. 114, A 14
Barock-Residenz mit Grundmauern aus dem 14. Jh. Romantischer Innenhof, Wandmalereien in den Zimmern, antike Möbel, außerdem die schönste Dachsuite der Altstadt.
Staré Město, Michalská 19; Tel. 2 25 77 77 77, Fax 2 25 77 77 78; www.irongate.cz Metrolinie A und B bis Můstek; 44 Zimmer ●● bis ●●● CREDIT 🐾

HOTELS ●●
Antik   ┅┅⟩ S. 114, B 13
Historisches Haus im Kaiserstil, renoviert, mitten im soeben erwachenden Viertel der ultimativen Szenelokale.
Staré Město, Dlouhá 22, Tel. 2 22 32 22 88, Fax 2 22 32 85 40; www.hotelantik.cz; Metrolinie B bis Náměstí Republiky; 12 Zimmer ●● AmEx MASTER

Paříž   ┅┅⟩ S. 114, C 13
Von der prestigeträchtigen französischen Concorde-Hotelgruppe renoviert und mit allem Luxus ausgestattet: Goldene Wasserhähne, Kellner im Smoking und Klavierspieler bei Kerzenlicht runden das Pariser Flair ab.
U obecního domů 1; Tel. 2 22 19 51 95, Fax 2 24 22 54 75; www.hotel-pariz.cz; Metrolinie B bis Náměstí Republiky; 95 Zimmer ●● bis ●●●● CREDIT 🐾

Sax
⌁⟶ S. 39, b 3

Renoviertes Haus auf der Kleinseite. Mit sehr schönem Atrium.

Malá Strana, Jánský Vršek 3; Tel. 2 57 53 12 68, Fax 2 57 53 41 01; www. sax.cz; Tram 12, 22 bis Malostranská; 24 Zimmer ●● AmEx MASTER VISA ♿ ⚞

U Blaženky (Bei Bettina)
⌁⟶ S. 116, A 18

Klassizistische Villa mit eigenen Garten, oberhalb von Mozarts Bertramka-Residenz gelegen. Sommer-Terrasse und vorzügliche Küche. Ein echter Geheimtipp!

U Blaženky 1; Tel. 2 51 56 45 32; Fax 2 51 56 35 29; www.ublazenky.cz; Tram 4, 7, 14, 16 bis Bertramka; 13 Zimmer ●● AmEx MASTER VISA ⚞

HOTELS ●

Březina Pension
⌁⟶ S. 114, C 16

Hinter der Jugendstilfassade moderne Zimmer, gut ausgestattet, mit Internet auch für Business-People empfehlenswert.

Vinohrady, Legerova 41; Tel. 2 24 26 67 79, Fax 2 24 26 67 77; www.brezina.cz; Metrolinie C bis I. P. Pavlova; 35 Zimmer ● bis ●● MASTER VISA ⚞

Grand Hotel Evropa
⌁⟶ S. 114, C 15

Haus im schönsten Prager Jugendstil. Hier wurde auch für den »Film Mission Impossible« mit Tom Cruise gedreht. Zimmer je nach Zustand und Ausstattung in unterschiedlichen Preiskategorien.

Nové Město, Václavské náměstí 25; Tel. 2 24 22 81 17, Fax 2 24 22 45 44; www.evropahotel.cz; Metrolinie A und C bis Muzeum; 115 Zimmer ● bis ●●● AmEx MASTER ⚞

Imperial Hotel
⌁⟶ S. 115, D 13

Orientalisches Flair in der tschechischen Metropole, Jugendstil mit viel Patina, beliebt bei Studenten.

Nové Město, Na Poříčí 15; Tel./Fax 2 22 31 60 12; www.hotelimperial.cz; Metrolinie B bis Náměstí Republiky; 287 Zimmer ● ▱ ⚞

APARTMENTHÄUSER

DC Service
⌁⟶ S. 114, A 13

Die Agentur vermittelt private Unterkünfte sowie Apartments mit Hotelservice und Frühstück. Eine aktuelle Börse mit Sonderangeboten findet sich auch im Internet.

Staré Město, Břehova 3, Tel. 2 24 81 63 46, Fax 2 22 32 54 20; www.dc-service.com. Metrolinie A, Tram 17 bis Náměstí Curiovych

BOTELS ⛴

Eine reizvolle Prager Spezialität sind die zu Hotels umgebauten Schiffe am Moldauufer. Man fühlt sich wie auf einer Kreuzfahrt.

Admiral
⌁⟶ S. 117, F 17

Zweifellos der eleganteste der Moldaudampfer. Mit Restaurant, Bar, Café und Terrasse.

Hořejší nábřeží, zwischen Palacký- und Eisenbahnbrücke; Tel. 2 57 32 13 02, Fax 2 57 31 95 16; www.admiral-botel.cz; Metrolinie B bis Anděl; 90 Kabinen ●● CREDIT ⚞

HOTELS IN DER UMGEBUNG

Crown Plaza
⌁⟶ S. 108, B 1

Dieses Hotel wurde einst als Luxusherberge für die Offiziere des Warschauer Paktes erbaut und stellt eine 13 Etagen hohe Miniaturausgabe der Moskauer Lomonosov-Universität dar.

Koulová 15; Tel. 2 24 39 31 11, Fax 2 24 31 06 16; www.crowneplaza.cz; Metrolinie A bis Endstation Dejvická; 170 Zimmer, 69 Apartments ●●●● AmEx MASTER VISA ♿ ⚞

Parkhotel Průhonice
⌁⟶ S. 85, b 2

Wunderschön bei Schloss Průhonice und dem dazu gehörenden Schlosspark gelegen. Das Haus verfügt über eine eigene Sportanlage (Tennis, Squash, Schwimmen, Fitness).

15 km südöstlich von Prag an der E 50, E 60, E 65 in Richtung Brno-Wien; Tel. 2 67 75 04 05, Fax 2 67 75 07 66; www. parkhotel-pruhonice.cz; 100 Zimmer ●●● CREDIT

Essen und Trinken

Enten, Gänse, Karpfen und Großmutters Süß-speisen bilden das böhmische Schlaraffenland.

Auch wenn Sie nicht im gleichnamigen Hotel logieren, sollten Sie dem Café Evropa einen Besuch abstatten.

Allein das Wort böhmische Küche lässt einem schon das Wasser im Munde zusammenlaufen. Doch die Prager Gourmetrealität sieht mitunter etwas anders aus. Die berühmte Kartoffelsuppe (»bramboračka«) mit Lorbeer, Kuttelsuppe (»dršťková«), oben dick mit Majoran bestreut, Blutwurst auf Knoblauchspinat, saure Linsen mit Speck, gefüllter Fisch oder Kalbsbrust – leider passé! Die Originalrezepte von Powidltaschkerl, Liwanzen oder Buchteln, worüber einst Peter Alexander sein Lied sang, kennt man offenbar nur noch an wenigen Orten.

Prag hat die kulinarische Uhr umgestellt. Mit über 3000 Restaurants, Kneipen, Cafés, Pizzerias und Weinstuben ist man in der Moldaustadt zwar gut versorgt, wird aber oft nur mit Touristenallerlei bedient. Anders in den neuen Trendlokalen – asiatisch, mediterran oder als Latin-Fusion auf

Neue Lokale schießen wie Pilze aus dem Boden

Tex-Mex und Tapas ausgerichtet, fehlen weder Sushi noch Salatvariationen mit Schrimps und Sesam, gestylt wie in New York oder Hongkong.

Zum neuen Gastronomie-Mogul von Prag stieg ein Innenarchitekt auf: Der Skandinavier Nils Jebens fand nach der Wende ein kulinarisches Brachland vor und beschloss dies zu ändern. Seit 1994 floriert sein Imperium Kampa Group, stets in besonderen Winkeln platziert. **Kampa Park** und **Hergetova cihelna** direkt am Moldauufer, **La Provence** romantisch hinter der Teynkirche versteckt, **Square** unterhalb des St.-Niklas-Doms eingebettet. Als neuester Zuwachs lockt **Bazaar** mit einem spektakulären Blick über die Kleinseitner Dächer. Einrichtung und Gastronomie repräsentieren jeweils die Spitzenklasse, als Referenzen werden die Namen der Hollywoodstars ausgehängt, die während ihrer Dreharbeiten in Prag hier schlemmten.

MERIAN-Tipp

2 Le Provence

Hier erwacht das Viertel hinter der Teynkirche zu neuem Leben. es entwickelt sich eine Art Mini-Paris. In einem Kellergewölbe kuschelt man auf Kissen, es riecht nach Knoblauch, Fisch und Fleisch. An der Bar werden Tapas serviert, später tanzt man an der Theke.

Štupartská 9; Tel. 2 57 53 50 50; Metrolinie B: Náměstí Republiky; tgl. 10–1 Uhr; Reservierung notwendig

●●● AmEx MASTER VISA ···⟩ S. 114, B 13

Wenn es um gutbürgerliche Qualitätsküche geht, sitzt man in den neuen Mini-Brauereien richtig – beispielsweise in der **Kolkovna**: ein Alt-Pilsener-Lokal in hundertjährigem Dekor im Retro-Stil eingerichtet, stimmungsvoll und gemütlich. Hier reicht man als Vorspeise den delikaten **Prager Schinken** von Weltruhm. Mit Meerrettich und Gurke oder Fleischsalat, Spargel oder Mayonnaise-Ei gerollt. Die leckeren Wildpasteten und würzigen Käsecanapés nennt man »jednohubky« (»Einmäuler«). Als Gipfel der regionalen Kochkunst gilt die »svíčková«: zarte Lendenfilets, kerzengerade geschnitten, in süßsaurer Rahmsoße, von Serviettenknödeln und Preiselbeeren begleitet.

Die **Ente** ist die Königin der tschechischen Küche – knusprig resch gebraten. König bleibt das **Schwein**. Als Braten in dicken Scheiben, saftig und fett, mit einem Berg von Knödeln und Kraut garniert. Die Knödel kullern in jeder erdenklichen Variation auf den Teller: als Semmel- oder Kartoffelteig oder als »chlupaté« (»zottelig«), d. h. mit Kraut und Speck gefüllt. Kommt als Kern frisches Obst hinein (Marillen, Zwetschgen, Erdbeeren), ist die Spezialität perfekt. So viel Kalorienreiches ruft geradezu nach einem Verdauungsschnaps: **Sliwowitz** (Pflaumengeist) oder der Karlsbader Kräuterbitter **Becherovka**. Und wer jetzt noch eine Portion des obligatorischen Palatschinkes mit warmer Schokolade und Sahne schafft, der hat die Sorglosigkeit um seine Linie bewiesen.

Entscheidend für die Auswahl der Kneipe ist für die Tschechen die Biersorte, die das jeweilige Lokal ausschenkt. Experten schwören auf den **Großpopovitzer Bock**, die übrige Bierwelt teilt sich in zwei Lager: in Anhänger von **Pilsener Urquell** (»Prazdroj«) und Anhänger der **Smichover Altquelle** aus der Prager Brauerei.

Eine andere »Sekte« bekennt sich zum **Budweiser**, »Budvar«. Das entscheidende Kriterium dafür, ob das Bier einen leichteren oder kräftigeren Geschmack hat, ist die Stammwürze. Es gibt 7°, 10°, 12° und das 13°-Dunkle der Brauerei U Fleků. Die Festigkeit der Schaumkrone testet man mit einer Kleinmünze: Sie darf nicht versinken, sonst ist das Bier abgelagert oder der Schankwirt versteht nichts vom Zapfen, und das wäre die größte Schande überhaupt.

Der Prager liebt aber ebenso den Wein. Manche böhmische Tropfen wie die »Hl. Ludmila« können durch-

Prager sind Genießer, die gerne essen und trinken – davon zeugen auch die typischen Hauszeichen.

Louvre, einst für sein versnobtes Publikum berühmt, das sich Kaffee bestellte und dem Hund die Sahne überließ. Oh, war man da in Prag vornehm und ist bemüht, es wieder zu sein.

Tradition oder Trend? So lautet jetzt vielerorts die Frage bei den Prager Cafés. Die einstige Kaffeehochburg der Kleinseitener Dichter und Schriftsteller, die literarisch vielbeschworene **Malostranská Kavárna** wurde zum schicken Designerlokal Square umgemodelt – mit Tapas statt Prager Würstchen. Für die unwiderruflich verlorenen Nostalgieorte gibt es allerdings Ersatz: etwa die vielen Bäckereien und Patisserien nach Pariser Vorbild, wo man zum Café au lait herrliche Nusshörnchen oder eine Quiche bekommt. Abseits der Touristenpfade findet man dann skurrile Kellerkaffees oder Teestuben in versteckten Gassen. Die Snacks sind allerdings nur für den kleinen Hunger gedacht. Und nicht vergessen: Wer im legendären **Café Slavia** nicht eingekehrt ist, der war nicht wirklich in Prag.

Bier – Grundbedarf, Religion, Wissenschaft und Philosophie

aus mit den großen Franzosen mithalten. Schließlich hat kein Geringerer als der Landesvater Karl IV. den Wein in Böhmen eingeführt.

Die Tradition der Prager Kaffeehäuser ist mit Wien verwandt. Die Deutschen waren es – und vor allem die Juden –, die die Kaffeehauskultur in Prag prägten. Das **Café Arco** als Stammtisch von Franz Kafka und Max Brod, mit regelmäßigen Dichterlesungen. Das **Café Slavia** folgte der Dichterstube und – wieder zum Leben erweckt – das neu aufgemöbelte **Café**

RESTAURANTS ●●●●

Bazaar ····≻ S. 112, D 9
Kulinarisches Palazzo über den Dächern der Kleinseite unter 300 Jahre

 altem Gewölbe. Mit fabelhafter Terrasse und Wintergarten, Aquarium, Kaminsalon, arabischer Lounge und einem Hauch von Sheherezade. Anspruchsvolle Feinschmeckerküche.
Malá Strana, Nerudova 40; Tram 12, 18, 22 bis Malostranské náměstí; Tel. 2 96 82 61 06; tgl. 12–24 Uhr ●●●● CREDIT

Kampa Park ····≻ S. 113, F 10
Bei der Karlsbrücke gelegen, innen modernes Designer-Ambiente, Moldau-Terrasse direkt am Wasser. Spezialitäten: böhmische Edel-Ente oder Pompano-Fisch aus dem Pazifik. Eine Pinnwand zeigt Bilder von Promis, die hier zu Gast waren: Phil Collins, Nicole Kidman, Bruce Willis, Bruce Springsteen etc.
Insel Kampa; Tel. 2 57 53 26 85; Metrolinie A bis Malostranská; tgl. 11.30–1 Uhr ●●●● CREDIT

Pravda ····≻ S. 114, A 13
Restaurant-Club, Portal im Jugendstil, der Innenraum chic eingerichtet. Es dominiert schwarz-rotes Dekor, dazu weiße Stühle und Studioscheinwerfer über der Edel-Bar. Szene-Treff mit Terrasse. Mannequin-Food, untypisch-kalorienarm für Prag.
Staré Město, Pařížská 17; Tel. 22 32 62 03; tgl. 11–1 Uhr ●●●● CREDIT

RESTAURANTS ●●●

Bellevue ····≻ S. 113, F 11
Große Speisekarte, wenngleich bisher nicht mit »Sternen« ausgezeichnet, wird das Restaurant doch Gourmetansprüchen gerecht. Mit Blick zur Karlsbrücke und Hradschin. Traditionslokal. Sonntags-Jazz und Champagner-Brunch.
Staré Město, Smetanovo nábřeží 18; Tel. 2 22 22 14 38; Metrolinie B bis Národní třída, Tram 6, 9, 17, 22; Mo–Sa 12–15, 17.30–22.30, So 11–15.30, 19.30–23.30 Uhr ●●● AmEx MASTER VISA

Hanavský pavilon ····≻ S. 109, F 4
Schönes Jugendstilhaus, ein Pavillonrestaurant im Park über der Moldau. Sommergarten.
Letenské sady 173; Tel. 2 32 57 92; Tram 18, 22 bis Chotkové sady; tgl. 12–1 Uhr ●●● AmEx MASTER

Im Schwejk-Lokal »U kalicha« geht es wieder richtig gemütlich zu. Und man trifft hier sogar echte Prager.

Kogo ⸺> S. 114, B 14

Mit modernistischem Portal aus den 1930er-Jahren, Design in Schwarz und Orange dominiert innen. Beste Pizza und Pasta der Stadt. Römisches Flair.

Staré Město, Havelská 29; Tel. 224 210 620, Metrolinie A, B bis Můstek; tgl. 11.30–24 Uhr ●●● CREDIT

Le Café Colonial ⸺> S. 114, A 13

Neue Prager Gastronomie. Indo-orientalisch gewürzt. Sehr gute Steaks, exotisches Ambiente.

Josefov, Široká 6; Tel. 2 24 81 83 22; Metrolinie A bis Staroměstská; tgl. 10–24 Uhr ●●● AmEx MASTER VISA

Nebozízek
(Der kleine Bohrer) ⸺> S. 113, D 11

Am Hügel Petřín liegt dieses Sommerpalais im Renaissancestil des Jahres 1677. Restaurant mit 55 und Terrasse mit 80 Plätzen, daneben gibt es drei romantische Salons. Helmut und Hannelore Kohl ließen es sich einst bei einem Staatsbesuch hier schmecken: Lachs, Enten, Schnitzel, Strudel – bei herrlichem Panoramablick.

Malá Strana, Petřínské sady 411; Tel. 2 57 31 53 29; Tram 6, 9, 22, umsteigen zur Seil-Zahnradbahn bis Újezd; tgl. 11–18 und 19–23 Uhr ●●● AmEx MASTER

Restaurace Pallfy Palác
⸺> S. 113, E 9

Im ersten Stock des Prager Konservatoriums. Alte Lüster, weiße Gladiolen am Italo-Vorspeisen-Buffet. Stilvoll und ein bisschen altmodisch.

Malá Strana, Valdštejnská 14; Tel. 2 57 53 05 22; Metrolinie A bis Malostranská; tgl. 11–23 Uhr ●●● AmEx

Žofín ⸺> S. 113, F 11

In einem Palais auf der Sophieninsel. Goldverzierung, Plüsch und Kronleuchtern. Als würde hier für Kaiser »Väterchen« Franz Josef gedeckt. Die altböhmische Küche schmeckt tatsächlich nach Großmutters Rezepten. Himmlisch die Mehlspeisen mit Mohn, Karamell und Zimt bestreut.

Nové Město, Slovanský ostrov 226; Tel. 2 24 93 45 48; Tram 17 bis Nationaltheater; tgl. 11.30–24 Uhr, Terrasse im Sommer ab 10 Uhr ●●● AmEx MASTER

RESTAURANTS ●●

Bředovský dvůr ⸺> S. 114, C 15

Trendy für den Business-Lunch der Yuppies aus den Büros rund um den Wenzelsplatz. Modernes Design in alten Gemäuern, Pub-Theke wie in London, Espresso wie in Milano.

Nové Město, Politických vězňů 13; Tel. 2 24 21 54 28; Metrolinie A und B bis Muzeum; tgl. 11–23 Uhr ●● AmEx MASTER

Patio ⸺> S. 114, A 15

Die exotische Inneneinrichtung erinnert an ein marokkanisches Fischerdorf, mediterrane Küche und Salate, vor allem Szene-Publikum.

Staré Město, Národní 22; Tel. 2 24 93 43 75; Metrolinie B bis Národní; Mo–Fr 11–23, Sa, So 11–23 Uhr ●● AmEx MASTER VISA

Rybářský club ⸺> S. 113, E 11

Fischerhäuschen, direkt an der Moldau. Spezialitäten von Barsch, Forelle, Hecht, Karpfen, Waller bis Zander, delikat zubereitet. Lachs mit Wildpilzen und Polenta ist der Favorit Ex-Präsident Havel, immer noch Stammgast.

Malá Strana, Insel Kampa, U Sovových mlýnu 1; Tel 2 57 53 42 00; Tram 9, 12, 18, 22 bis Újezd; tgl. 12–15, 18.30–22.30 Uhr ●● AmEx MASTER

TV Tower (Panoramarestaurant)
⸺> S. 115, F 15

Dinieren hoch über der Stadt (genau 100 m) in den raumschiffähnlichen Großkabinen des Fernsehturms. Auch Café und Bar, bei nächtlichem Lichtermeer besonders schön.

Prag 3, Mahlerovy sady 1; Tel. 2 67 00 57 78; Metrolinie A bis Jiřího z Poděbrad; tgl. 11–23 Uhr ●● ▱

U kalicha ⸺> S. 114, C 16

Das Stammlokal von Schwejks Erfinder Jaroslav Hašek. Mit Malereien und literarischen Zitaten an den Wänden. Die Motive stammen aus den Illustrationen zum Schwejk-Buch von Josef Lada. Serviert wird böhmische Hausmannskost, die allerdings manchmal hinter den Erwartungen zurückbleibt. Deftige Gassenhauer heben die Stimmung.

Nové Město, Na bojišti 14; Tel. 2 29 07 01; Metrolinie C bis I.P. Pavlova; tgl. 11–15 und 17–23 Uhr ●● ▱

RESTAURANTS ●

Letenský zámeček 🍴🍴 ····❯ S. 110, A 8
Zwei Restaurants namens »Ullmann« und »Belcredi« in einem Sommerschlösschen auf dem Letná-Hügel, erbaut um 1863 und jetzt neu gestrichen. Exponate und Leihgaben aus dem technischen Nationalmuseum, etwa ein Maschinchen für selbst gedrehte Zigaretten oder Kaffeemühle »türkisch«. Im Sommer Biergarten.

Letenské sady 341; Tel. 2 33 37 82 00; Tram 17 bis Letenské sady; tgl. 10–2 bzw. 11–24 Uhr ● AmEx MASTER VISA

Novoměstský pivovar ····❯ S. 114, B 15
Großrestaurant in der Neustädter Brauerei. »Der Bauch von Prag« voll mit böhmischen Spezialitäten. Die Wände in den Katakomben sind illustriert wie Theaterkulissen.

Nové Město, Vodičková 20; Tel. 2 22 23 24 48; Metrolinie B bis Národní, Tram 22; tgl. 11.30–24, So 10–23 Uhr ● CREDIT

U Švejků ····❯ S. 113, E 10
Plural von Švejk: Traditionslokal im Altprager Dunkelholz. Braten, Blutwürste, Schweinshaxe und Kraut. Ein typisches Knödellokal, abends mit Harmonika und Gassenhauern.

Malá Strana, Újezd 22; Tel. 2 57 31 32 44; Tram 22 bis Újezd; tgl. 11 Uhr ● AmEx MASTER

**Zlatá hvězda
(Goldener Stern)** ····❯ S. 113, D 9
Ambiente, Preis und Qualität hervorragend: echter Prager Teller (Pražský talíř) mit Schweinsbraten, Ente, Ripp

chen, Kraut und zwei Knödelsorten. Kleine Straßenterrasse.

Malá Strana, Nerudova 48; Tel. 2 57 53 28 67; Tram 12, 22 bis Malostranské náměstí; tgl. 10–24 Uhr ● ▱

CAFÉS

Arco ····❯ S. 115, D 14
Franz Kafka hielt hier seine Lesungen. Treff des deutschen Literaturkreises, nicht ganz authentisch renoviert, aber mit Künstler-Flair.

Dlážděná 6; Tel. 9 74 88 65 42; Metrolinie B bis Staroměstská; Mo–Fr 15–23 Uhr ● ▱

Café Franz Kafka ····❯ S. 114, A 13
Atmosphäre wie zu Kafkas Zeiten, mit Wandzitaten des Autors: »Menschheitsentwicklung – die wachsende Kraft zum Sterben«. Die allgegenwärtigen Todessehnsüchte werden ausgewogen durch ein junges Publikum (man muss sich das Leben nicht gleich nehmen, sondern erst später).

Josefov, Široká 12; Metrolinie A bis Staroměstská; tgl. 10–22 Uhr ● ▱

Café Slavia ····❯ S. 114, A 15
Literaten nannten dieses Café gerne »unsere Heimat«. Ein Pflichtbesuch mit typischen Prager Snacks wie »dekorierte Brötchen«, Wildpastete und Crème-Kränzchen (»věnečky«). Aussicht mit drei Perspektiven: Hradschin, Petřín und Nationaltheater.

Nové Město, Národní třída 1; Metrolinie B bis Národní třída, Tram 17, 22 bis Nationaltheater; tgl. 8–24 Uhr ●● Bar & Restaurant 11.30–24 Uhr ●●● AmEx MASTER

Chez Marcel ····❯ S. 114, B 13
Café-Bistro, der beste Franzose in Prag. Echt pariserische Atmosphäre, es gibt Kir und gute Salate.

Staré Město, Haštalské náměstí 12; Metrolinie B bis Náměstí Republiky; tgl. 10–24 Uhr ●●● AmEx MASTER

Duplex ····❯ S. 114, C 15
Auf dem Dach vom Krone-Kaufland. Mick Jagger feierte in diesem Club-

Der Name ist Programm: Das Café Franz Kafka spielt mit dem morbiden Charme des Prager Autors.

Restaurant seinen 60. Geburtstag. Unter den Partygästen gesichtet: Ex-Präsident Vaclav Havel.

Nové Město, Václavské náměstí 21; Tel. 2 27 53 50 50; Metrolinie A und C bis Muzeum; tgl. 11–24, Club bis 3 Uhr ●●● AmEx MASTER

Ebel ⸻⟩ S. 114, A 14

Café aus dem 19. Jh., authentisch restauriert im alten Wohnzimmerstil. Urgroßmutters Kredenz, Kommode und Kaffeemühle. Bei einer Tasse heißen Kakao wird man an längst vergangene Zeiten erinnert.

Staré Město, Retězová 9; Metrolinie B bis Národní; Mo–Sa 9–22, So 10–20 Uhr ●

Ethno ⸻⟩ S. 114, A 14

Kuschel-Café mit Polstern am Fenster, Rattan, Hindugott Vishnu, holzgeschnitztem Tukan und Blick in die mittelalterliche Stadt.

Staré Město, Husová 10; Metrolinie B bis Národni; tgl. 10–24 Uhr ●●

Evropa ⸻⟩ S. 114, C 15

Schönes Jugendstilcafé im »Grand Hotel Evropa« (→ S. 16) mit vielen Kostbarkeiten wie Lampen, Lüstern und Spiegeln. Mit Terrasse. Wer nicht im Hotel logiert, muss Eintritt zahlen. Über die eigenwillige Bedienung gibt es bisweilen Beschwerden.

Václavské náměstí 25; Metrolinie A und C bis Muzeum; tgl. 7–24 Uhr ● MASTER

Kavárna Imperial ⸻⟩ S. 114, C 13

Für Insider das schönste Café Prags, ägyptisches Interieur: Sezessionistische Kachelwände mit Löwen, Sphinx-Dekor und pythische Grazien. Leckere Palatschinken mit Erdbeeren, junges Publikum, abends auch Livebands.

Nové Město, Na poříčí 15; Metrolinie B bis Náměstí Republiky; tgl. 7.30–1 Uhr ● MASTER

Kavárna Obecní dům ⸻⟩ S. 114, C 13

Hinter gewaltiger Fensterfront ein Jugendstil-Tempel mit Kristallleuchtern

MERIAN-Tipp

 **Hergetova cihelna
(Herget's Ziegelei)**

Gastronomische Vielfalt: Weingalerie, Bar, Restaurant und Cigar-Lounge mit Moldau-Terrasse. Das Ambiente der alten, renovierten Ziegelei ist hip! Besonders schön und mega-romantisch: der »Absacker« bei Kerzenschein mit Blick auf die Karlsbrücke!

Malá Strana, Cihelná 2 b; Tel.
2 57 53 55 34; Metrolinie A bis Malostranská; tgl. 11.30–1 Uhr ●●● CREDIT
----> S. 113, E 9

wie im Theater, Plüsch und Marmorwände, Messingdekor.
Nové Město, Náměstí Republiky 5; Metrolinie A bis Staroměstská; Mo–Sa 8–24, So 10–23 Uhr ●● CREDIT

Square ----> S. 113, D 9
Einst das traditionsreichste Prager Café, jetzt die Wände in modernen »Waschfarben«, Edeldesign, Backstein, Panzerglas, hip!
Malá Strana, Malostranské náměstí 1; Tram (vor der Haustür) 12, 18, 22 bis Malostranské náměstí; tgl. 9–23 Uhr ●●●
AmEx MASTER VISA

WEINSTUBEN
Monarch ----> S. 114, A 14
Weinkontor, Bar, Bistro nach Pariser Art. Die besten Tropfen zum Probieren im Degustationskeller. Käsefondue und Schinkenspezialitäten auf den Wein abgestimmt.
Staré Město, Na Perštýně 15; Tel.
2 24 23 96 02; Metrolinie B bis Národní; Mo–Fr 12–21, Sa–So 15–21 Uhr ● AmEx
MASTER VISA

**U mecenáše
(Zum Mäzen)** ----> S. 113, D 9
Die älteste Weinstube Prags. Heute noch genauso wie im 17. Jh. bei ihrer Eröffnung. Kostbare Antiquitäten, Waffen, Stilmöbel und Pergamente.

Der kleine Tisch neben der Bar gehörte dem Henker Jan Mydlář, der einst 27 Adlige köpfte (→ S. 49). Gute Küche, Reservierung empfehlenswert.
Malá Strana, Malostranské náměstí 10; Tel. 2 57 53 16 31; Metrolinie A bis Malostranská, Tram 22; tgl. 17–1 Uhr ●●●●
AmEx MASTER

**U vladaře
(Zum Regent)** ----> S. 113, E 10
Der Prager Promi-Treff. Sehr gute Küche. Die Krönung ist ein Dessertteller »Potpourri« (Obstknödel plus Mini-Pfannkuchen), reichlich mit Mohn und Nüssen bestreut. Erlesene Weine und Zigarren. Romantisch der Vorgarten mit Sonnenschirmen.
Malá Strana, Maltézské náměstí 10; Tel. 2 57 53 41 21; Tram 12, 22 bis Malostranské náměstí; tgl. 11–01 Uhr ●● (Bierstube und Terrasse), ●●● (Weinstube) AmEx MASTER VISA

**U zlaté konvice
(Zur goldenen Kanne)** ----> S. 114, B 14
Abtauchen in das Mittelalter, Katakomben mit riesigen Weinfässern, Grillspezialitäten, abends Musik.
Staré Město, Melantrichova 20; Tel.
2 24 22 52 93; Metrolinie A bis Staroměstská, tgl. 11–23 Uhr ●● MASTER VISA

Valdštejnská hospoda ----> S. 113, E 9
Der Feldherr Waldstein war als Gourmet bekannt, für ihn wurden Gerichte kreiert, die noch heute auf der Speisekarte zu finden sind: Hasen »weiß« (Weinsauce) oder »schwarz« (Biersoße mit Pflaumen), Rehrücken mit Champignons.
Malá Strana, Valdštejnské náměstí 7; Tomášská 16; Tel. 2 57 53 17 59; Metrolinie A bis Malostranská, Tram 22 bis Malostranské náměstí; tgl. 11–23 Uhr ●●●
AmEx MASTER

BIERLOKALE
Kolkovna ----> S. 114, B 13
Mikro-Brauerei mit viel Messing, Mahagoni und Monarchie-Atmosphäre. Pilsner Urquell und Deftiges.

Josefov, V Kolkovně 8; Tel. 2 24 81 97 01; Metrolinie A bis Staroměstská; Mo–So 11–24 Uhr ● MASTER VISA

U černého vola (Zum schwarzen Ochsen) ⤏ S. 112, B 9

Eine der letzten Altprager Kneipen am Hradschin. Bunte Bleiglasfenster, hohe Gewölbe mit Wappen des böhmischen Adels. Über dem Tresen stapelt sich als Souvenir Dosenbier aus aller Welt. Man serviert ausschließlich kalte Speisen, der »Bock« kommt aus Großpopowitz.

Hradčany, Loretánské náměstí 1; Tram 22 bis Pohořelec; tgl. 9.30–22 Uhr ● ▱

U Fleků ⤏ S. 114, A 15

Das Hofbräuhaus von Prag mit schönem Biergarten im vergiebelten Ritterhof. Einzigartig im ganzen Lande ist die Bierspezialität »Dreizehner Dunkler«.

Nové Město, Křemencova 11; Metrolinie B bis Národní třída; tgl. 8.30–24 Uhr ● AmEx MASTER

U kocoura (Beim Kater) ⤏ S. 113, D 9

Eine der wenigen übrig gebliebenen Studentenkneipen auf der Kleinseite.

In den zwei großen Gewölberäumen mit riesigen Tischen wird Pilsener Urquell getrunken.

Malá Strana, Nerudova 2; Metrolinie A bis Malostranská; tgl. 11–23 Uhr ● ▱

U vejvodů (Zu den Fürsten) ⤏ S. 114, A 14

Riesiger Gewölberaum, sehr lebhafte Atmosphäre. Restauriert nach einem Originalbild um 1895. Altquelle Smíchov wird hier gezapft.

Staré Město, Jílská 4; Metrolinie B bis Národní třída; tgl. 9–22 Uhr ● AmEx MASTER VISA

U zlatého tigra (Zum goldenen Tiger) ⤏ S. 114, A 14

Lange Tische mit Literaturtradition. So gehörte beispielsweise Schriftsteller Bohumil Hrabal zu den Stammgästen; Kollege und Dichterpräsident Václav Havel hingegen brachte beim Pragbesuch Ex-US-Präsident Bill Clinton hierher und machte ihn mit Hrabal bekannt.

Staré Město, Husova ulice 17; Metrolinie B bis Národní třída; tgl. außer So 15–23 Uhr ● ▱

Im legendären »U Fleků« gibt's von jeher dunkles Bier, Rittersäle und Kabarett.

Einkaufen

Antiquitäten, Glas, Marionetten und Schmuck: Prag ist eine wahre Fundgrube für Kunstsammler.

Prag mausert sich zum Shopping-Paradies. Auch die prachtvolle Lucerna-Passage wurde jüngst einer radikalen Renovierung unterzogen.

Die Top-Designer residieren unter den alten Renaissancegewölben. In den Shopping-Passagen haben sich Armani, Ungaro, Versace, Gucci und Dior in den bekannten Show-Räumen aus Chrom, Glas und Marmor angesiedelt: Prag probt den Anschluss an Eleganz aus Paris, Stil aus Florenz, gar Trends aus New York. Die entsprechende Klientel dafür scheint es auch schon in Prag zu geben. Viel Einkaufen für wenig Geld ist nunmehr eher Glückssache. Gerne gekauft wird nach wie vor **Kristallglas**. Die Auswahl ist

Luxus-Shopping liegt im Trend

riesig. Von freien Ständen am Altstädter Ring (Prager sagen »Staromák«) bis zu den teuren Traditionsgeschäften entlang des Königswegs. Kunstwerke und Raritäten finden Sie auf der Burg oder versteckt in den Seitengassen der Altstadt. Hier liegen skurrile Antiquitätenläden, Verkaufsgalerien der handwerklich einfallsreichen Juweliere, Holzschnitzer, Spielzeugmacher und Keramiker dicht Tür an Tür.

Bücher und CDs kann man vor allem unter den Arkaden kaufen. Zu einem In-Boulevard verwandelt sich zunehmend die Pařížská. Masken, Puppen und die üblichen Touristen-Souvenirs findet man in der Celetná. Das gehobenere Sortiment ist stilgerecht hinter der Teynkirche ausgestellt, besonders reizvoll wegen der feinfühlig renovierten Architektur im Ungelt-Hof. Zum Staunen über den neuen Shoppingtrend sind die Einkaufspassagen Millenium Plaza und Pasáž Myslbek unweit vom Pulverturm. Und nur noch in der Maiselova mag man spüren, wie es früher einmal in Prag war. In den angrenzenden Straßen finden sich diverse Schmuck-Discountläden sowie einige Fundgruben für antiquarische hebräische Literatur.

Der Wenzelsplatz putzt sich zunehmend heraus. Das frühere Motto »Was man hier nicht findet, das gibt's im ganzen Ostblock nicht« soll künftig heißen: »Was der ganze Westen bietet, bekommt man schon am Wenzelsplatz«. Das Luxus-Shopping setzt Zeichen. Ein Kehraus für die Ramschverkäufer hat begonnen. In allerjüngster Zeit sind die Passagen Lucerna, Alfa und Hvězda in neuem Glanz erstrahlt oder stehen kurz davor.

»Goldenes Kreuz« nennt sich die untere (Altstädter) Ecke vom Wenzelsplatz. Na Příkopě (am Graben) haben sich nochmals die internationalen Marken etabliert. Die Passage Černá růže (Schwarze Rose) führt ebenfalls Luxusware. Im Komplex »Slovansky dum« (Haus der Slawen) befinden sich ein Kinocenter und zum Publikum im Dunst des Popcorns passend Shops mit Klamotten für die Generation X, Kids und kaufkräftige Fashion Victims. Die Location ist, in der Sprache der Jugend: cool und spacig. Grünes Panzerglas in graue Granitwände eingefasst.

Oder Sie entdecken die zauberhafte Welt der **böhmischen Puppen** und **Marionetten**. Ob an der Karlsbrücke oder auf Burg Karlstein – man erhält sie überall. Viele sind so lebensecht gefertigt, dass man meint, sie würden gleich zu sprechen beginnen. Auch die tschechischen Zeichner haben ein Herz für Kinder. Sie erschaffen in ihren Büchern eine Fantasiewelt, in der schlaue Füchse und fliegende Fische dargestellt werden.

In Prag gibt es keinen gesetzlich geregelten Ladenschluss. In der Altstadt sind viele Läden auch samstags und sonntags geöffnet, oft bis 20 Uhr.

In eine Marktlücke hofft man mit historischen Nachbildungen zu stoßen: alte Helme, Rüstungen, Waffen und Wappen. Shopping wie im Mittelalter im Goldenen Gässchen oder engem Straßenlabyrinth seitlich vom Altstädter Ring (Richtung Michalská). Da entdeckt man allerhand Kuriositäten, Töpfereien, aber auch Bio-Produkte oder Alternativ-Klamotten. Eine bunte Warenvielfalt, die manchmal an einen Basar erinnert.

ANTIQUITÄTEN

Antikva ·····⫸ S. 114, C 13
Antiquitäten, Kunst, Glas, Schmuck.
Staré Město, U prašné brány 2 (am
Pulverturm); Metrolinie B bis Náměstí
Republiky

Antique Vladimír Andrle
·····⫸ S. 113, F 10
In Andrles drei Läden werden neben
altem böhmischem Glas Gemälde,
Gebrauchskunst, Lampen und Porzel-
lan in jeder Preislage geführt.
Staré Město, Křižovnická 1 und Karlova 8;
Metrolinie A bis Staroměstská; Hradčany,
Na Pohořelci 7, Tram 22 bis Pohořelec

Athena ·····⫸ S. 114, A 13
Neben dem Alten Jüdischen Friedhof
gelegen. Möbel, Lampen und Glas.
Josefov, U starého hřbitova 4; Metrolinie
A bis Staroměstská

Luna ·····⫸ S. 114, A 13
Möbel, Bilder, Schmuck, Silber.
Josefov, Maiselova 17; Metrolinie A bis
Staroměstská; tgl. außer Sa 10–18,
So 10–15 Uhr

AUKTIONEN

Aukční síň Nusle ·····⫸ S. 119, E 23
Gold- und Silberwaren, Möbel und
Kunst kommen drei- bis viermal im
Jahr unter den Hammer. Jeweils einen
Monat vorher erscheint der Katalog.
Nuselská 19; Metrolinie C bis I.P. Pavlo-
va, Tram 11, 18

BLUMEN

Florsalon ·····⫸ S. 114, B 15
Große Auswahl an frischen Schnitt-
blumen, auch mit Zustellservice.
Nové Město, Jungmannova 1; Metrolinie
A und B bis Můstek

Květina ·····⫸ S. 114, B 15
In der Passage »U nováků«, wunderschön verschnörkeltes Jugendstilhaus unweit des Wenzelsplatzes.
Nove Město, Vodičková 28; Metrolinie A
und B bis Můstek; Tram 3, 9, 14, 24 bis
Můstek

BÜCHER

Antikvariat »U Karlova mostu«
·····⫸ S. 114, A 14
Zentral gelegenes Antiquariat. Alte
und neue Bücher, Kunstdrucke, alte
Postkarten und andere Raritäten fin-
det man hier in großer Auswahl.
Staré Město, Karlova 2; Metrolinie A bis
Staroměstská

Exposice Franze Kafky
·····⫸ S. 114, A 13
Kafkas Megastore: Postkarten, Poster, T-Shirts, Fotobände, Alben, Bücher von Taschenformat bis X-large,
das Kafka-Mekka schlechthin. Son-
derausstellung 20 Kronen Eintritt.
Staré Město, Náměstí Franze Kafky 1;
Metrolinie A bis Staroměstská

Kniha ·····⫸ S. 114, A 13
Breites Sortiment an neuen Publika-
tionen, Fotoalben und Kunstbänden.
Staré Město, Staroměstské náměstí 16;
Metrolinie A bis Staroměstská

Pragensis ·····⫸ S. 55, c/d 2
Literatur, Bilder, Hefte, Publikationen
zur tschechischen Kapitale. »Alles
über Prag« lautet das Motto.
Hradčany, Vikařská 2 (neben der
St.-Veits-Kathedrale); Metrolinie A bis
Hradčanská, Tram 22 bis Pulverbrücke

Široký dvůr (Breiter Hof)
·····⫸ S. 112, B 9
Winzig klein, voll mit Pragensia,
Kunstbücher und ein handverlesenes
Sortiment an Klassik-CDs. Bemer-
kenswert das Bild unter der Decke.
Leider unverkäuflich, da vom Vater
als Geschenk für seine Tochter ge-
malt.
Loretánské náměstí 4; Tram 22 bis
Pohořelec

DELIKATESSEN

Boulangerie au Gourmand
·····⫸ S. 114, B 13
Pariser Bäckerei mit den besten
Croissants der Stadt. Elegante Patis-
serie mit feinsten Torten und cremi-

Noch findet man ihn in Prag, den kleinen Laden an der Ecke.

gem Eis. Ambiente mit Jugendstil-Ka-cheln, kleine Tische für Mittagsnacks.
Staré Město, Dlouhá 10, Metrolinie A bis Staroměstská; Mo–Fr 8.30–19, Sa, So 9.30–18 Uhr

U Paukerta ⤏ S. 114, A 15
Das beste Feinkostgeschäft von Prag, Edelimbiss und delikate Häppchen.
Nové Město, Národní 17; Metrolinie B bis Národní třída

Uzenářství ⤏ S. 114, A 14
Das Wurstparadies des Herrn Ci-bulka. Prager Schinken und geräu-cherte Schweinshaxe. Probieren Sie »tlačenka« (Presssack) mit böhmi-schem Senf.
Staré Město, Uhelný trh 8; Metrolinie A und B bis Můstek

DESIGN
Le Patio ⤏ S. 114, B 13
Lifestyle, Deko, schmiedeeiserne Lam-pen, Tische, Schaukelstühle, Tapeten mit Mega-Blumen.
Staré Město, Ungelt 640; Metrolinie B bis Náměstí Republiky

FOLKLORE
Česká lidová řemesla (Tschechisches Volkshandwerk)
⤏ S. 114, A 14
Holzschnitzereien, Spielfiguren, Ke-ramik und typische Landesartikel.
Staré Město, Karlova 26; Metrolinie B bis Národní

Unique ⤏ S. 114, A 14
Weltberühmte Auswahl an Folklore-puppen, Holzschnitzereien, Keramik, Handwerksartikeln und Spielzeug.
Staré Město, Betlémské náměstí 2; Metrolinie B bis Národní třída

GALERIEN/VERKAUFSAUSSTELLUNGEN
Galerie Jakubská ⤏ S. 114, B 13
Die »Jungen Wilden«, russische Maler in Prag. Charakteristische Motive: Feuervogel oder wandernde Bäume über Prager Dächern.
Jakubská 4; Metrolinie B bis Náměstí Republiky

Galerie K & B ⤏ S. 114, A 14
Zeitgenössische Maler verkaufen hier ihre Bilder: von abstrakt bis zum fan-

tastischen Realismus, für jeden Geschmack und jeden Geldbeutel.
Staré Město, Jílská 7; Metrolinie B bis Národní třída

Galerie Pyramida   ⟶ S. 114, A 15
Ausgezeichnete Exponate von zeitgenössischen Künstlern. Glaskunst der Avantgarde.
Nové Město, Národní 11; Metrolinie B bis Národní třída

Platýz Galerie   ⟶ S. 114, A 15
Avantgarde, Grafik, Plastik von renommierten Künstlern.
Národní 37; Metrolinie B bis Národní třída

U zlatého koně   ⟶ S. 114, A 14
Junge Künstler, Bilder und Plastiken. Interessante Entdeckungen möglich.
Staré Město, Husova 18; Metrolinie B bis Národní třída

GESCHENKE

A + G Flora   ⟶ S. 114, B 14
Helena Fejkovas Atelier für Kunst und Mode, Grafik und Keramik bietet originelle Einzelstücke.
Staré Město, Rytířská 31; Metrolinie A und B bis Můstek

Krystal U Rotta   ⟶ S. 114, A 14
In einem herrlichen Renaissancehaus in der Altstadt, mit wunderbaren Fassadenmalereien, erstreckt sich über vier Stockwerke ein Glitzerparadies aus Glas, Kristall, Perlen, Rubin, Jade. Vom Aschenbecher mit goldenem Rand bis zum Zierengel aus Bleikristall. Altböhmisches Restaurant im Keller aus dem Mittelalter.
Staré Město, Malé námestí 3; Metrolinie A bis Staroměstská

Museum Store   ⟶ S. 114, A 14
Reproduktionen, Poster, Seidentücher, Porzellan, Zierlöffel und Kurioses wie ein Brieföffner vom Schreibtisch des Königs.
Staré Město, Husova-/Ecke Karlova; Metrolinie B bis Národní

Schönheit durch Gesundheit – das Symbol an einer Apotheke in der Karlova-Gasse ist eines der typischen Prager Hauszeichen, die früher die Hausnummer ersetzten.

U prstenu   ⟶ S. 114, A 14
Prager Humor, Grafik, Figuren, Scherzartikel. Kunst und Kitsch.
Staré Město, Jilská 14; Metrolinie B bis Národní třída

GLAS

Císařská hůt
(Kaisers Glashütte)   ⟶ S. 114, A 13
Im Keller brodelt der Stoff bei 1200 °C, auf Wunsch werden Figuren, Fische und Blumen mundgeblasen, die tags darauf abholbereit sind. Werkstatt mit Schnellkurs »Wie färbt man Glas ein«.
Josefstadt, Břehová 4 (unweit der Altneusynagoge); Metrolinie A bis Staroměstská, Tram 17 bis Náměstí Curieových

Dana Bohemia   ⟶ S. 114, A 15
In exklusivem Ambiente – die Vitrinen haben Kristallform – alle Arten von geschliffenem Glas und Porzellan.
Národní 43; Metrolinie A und B bis Můstek

Jafa   ⟶ S. 114, A 13
Bleikristall, auch mit jüdischen Motiven, Silber und kostbare Einzelstü-

MERIAN-Tipp

4 Anděl City

Eine riesige Auswahl an Edelmarken. Parfüm aus Paris, Schuhe aus Florenz, ein Supermarkt groß wie eine Abflughalle (tgl. 7–24 Uhr). Dazu elegante Espresso-/Aperetivo-Buffets, Sushi-Bars, Cappuccino-Kuschelecken und Eisdielen, in denen man sich vom Einkaufsstress erholen kann. Außen mit Alu-Glasfassade.

Smíchov, U zlatého anděla 1; Metrolinie B bis Anděl ····⋗ S. 117, E 17

cke. Das alte jüdische Viertel knüpft an seine Handelstradition an.
Josefov, Maislova 15; Metrolinie A bis Staroměstská; tgl. außer Sa 9–18 Uhr

U šalamona ····⋗ S. 113, F 10
Ein Patrizierhaus an der Karlsbrücke, piekfein renoviert, Kristallglas und goldene Tassen. Das Café im fünften Stockwerk bietet einen schönen Blick auf die Brückenheiligen. Praktisch ist der Safe zur Aufbewahrung von Wertsachen während des ausgedehnten Einkaufsbummels.
Křižovnické náměstí 1; Tram 17 bis Karlovy lázně

KAUFHÄUSER
Bílá labut ····⋗ S. 114, C 13
Das älteste und erste Kaufhaus Prags wurde kürzlich renoviert. Es werden vor allem Waren des gehobenen Sortiments angeboten.
Na poříčí 23; Metrolinie B bis Náměstí Republiky

Darex ····⋗ S. 114, B 14
Eine Kleinausgabe des Trump Towers in New York. Frei schwebende Lifte im verglasten Innenhof, Rolltreppen im Glitzerambiente, vollklimatisiert. Ein Mega-Store für Sportbekleidung.
Nové Město, Václavské náměstí (Wenzelsplatz) 11; Metrolinie A und B bis Můstek

Flóra Palác ····⋗ S. 115, östl. F 16
Galerie mit Boutiquen auf sechs Stockwerken (tgl. 9–21 Uhr), beinahe ein Rolltreppen-Babylon. Junge Mode. Trendige Klamotten für Matrix-Heros kaufen, danach in eines der 10 Kinos von Cinema City gehen. U-Bahn direkt im Untergeschoss.
Vinohrady, Flóra; Metrolinie A bis Flóra

Koruna ····⋗ S. 114, B 14
Neuer Schick in der ehemaligen Jugendstil-Burg. Heute eleganter Tempel für Mode und Megastore mit edlem Waren-Mix und duftenden Donuts.
Václavské náměstí 1; Metrolinie A und B bis Můstek

Pavilon ····⋗ S. 115, E 15
Shopping ganz nach amerikanischem Muster in der ehemaligen renovierten Markthalle: 56 Boutiquen, Restaurant und Café, Tiefgarage. Hier gibt es auch Sonderangebote von Markenherstellern.
Nové Město, Vinohradská 50; Metrolinie A bis Náměstí Míru; Mo–Sa 9.30–21 und So 12–18 Uhr

TESCO ····⋗ S. 114, A 15
Englisches Kaufhaus mit umfassendem Warenangebot. Sehr schön ist der Ausblick von der Rolltreppe auf den Nationalboulevard.
Národní 26; Metrolinie B bis Národní třída

FÜR KINDER
Dřevěné hračky 👦👦 ····⋗ S. 114, A 14
Holzspielzeug von der Lok über Pelikane bis zu Pegasuspferden.
Staré Město, Jilská 7; Metrolinie B bis Národní třída

Kids Toys & Wear 👦👦 ····⋗ S. 114, B 13
Plüschtiere, Wasserpistolen und Trendklamotten für die markenbewussten Knirpse, wie in einer Ritterburg liebevoll drapiert.
Staré Město, Malá Stupartská 3; Metrolinie B bis Náměstí Republiky

Das große Zappeln: Der Karpfen für den Weihnachtstisch beim Straßenverkauf aus riesigen Bottichen ist eine alte Prager Sitte. Da steht man gerne Schlange.

LEBENSMITTEL

Čajka   ····⟩ S. 114, B 14
Georgischer und armenischer Cognac, der unter Kennern durchaus mit den besten Franzosen konkurrieren kann.
Staré Město, Železná 24; Metrolinie A und B bis Můstek

Kotva   ····⟩ S. 114, C 13
Alle Delikatessen des Landes, Spezialitäten und Frischmarkt. Im Untergeschoss des Kaufhauses Kotva.
Nové Město, Nám. Republiky 8; Metrolinie B bis Náměstí Republiky; Mo–Fr 9–20, Sa 9–18, So 10–18 Uhr

Pavilon   ····⟩ S. 115, E 16
Für Gourmets: Wurst und Kaviar, großes Käsesortiment, Weine und günstiger tschechischer »Champagner« der Marke »Bohemia Sekt«.
Im Untergeschoss des Kaufhauses Pavilon; Vinohradská 50; Metrolinie A bis Náměstí Míru; Mo–Sa 9.30–21 und So 12–18 Uhr

LEDERWAREN

Jezdecké potřeby   ····⟩ S. 114, A 13
Zubehör für Reitsport. Günstig.
Josefov, Maislova 7; Metrolinie A bis Staroměstská

LUXUS-SHOPPING

Pasáž Myslbek   ····⟩ S. 114, C 14
Neubau von 1997, wirkt wie eine Airporthalle aus Glas und Licht. Luxusartikel, Londoner Mode von »Marks & Spencer«. Außerdem Fotoartikel und Reisezubehör.
Na příkopě 19–21; Metrolinie A und B bis Můstek

Pasáž černá ruže (Schwarze Rose)
····⟩ S. 114, B 14
Noch eine neue Edel-Passage. Nobel-Shopping bei Espresso und frisch gepresstem Orangensaft im Lichthof.
Nové Město, Na příkopě/Ecke Panská, Metrolinie A und B bis Můstek

Slovanský dům   ····⟩ S. 114, C 14
Ein Handwerkerhof aus der Renaissance, in New-York-Style umgebaut. Jung anziehen mit MEXX oder Cinque. Im Atriumforum wahlweise Popcorn in den Palace Cinemas oder ein Stopp in der Sushi-Bar.
Na příkopě 22; Metrolinie B bis Náměstí republiky

MÄRKTE UND FLOHMÄRKTE

Eduard Čapek   ····⟩ S. 114, B 13
Eisenhandel, alte Schrauben, rostige Nägel, ein Stück Elektrokabel, Bügeleisen, Lampen – kaum etwas Brauchbares. Trotzdem schauen Prager gern auf diesem Markt vorbei, wegen der Gebrüder Čapek, deren Vater als Inbegriff für Trödel galt. Hobby-Nostalgie.
Staré Město, Dlouhá 32; Metrolinie B bis Náměstí Republiky, Mo–Fr. 10–18 Uhr

Libeňský most (Libeň-Brücke)
····⟩ S. 111, nördl. E 5
Stöbern mit Ostalgie: Antiquitäten der B-Klasse, Altertümlichkeiten oder einfach nur Ramsch, Gebrauchtes,

Plunder, Plakate mit Marx und Lenin. Zwischen den Buden kann man einige Stunden verbringen.

Tram 12, 17 bis Libeňský most; Mo–Fr 9–18, im Winter bis 16.30 Uhr

Rytiřská und Havelská
┈┈⟩ S. 114, B 14

Der Markt besteht seit 1260 und bietet allerlei Kuriositäten. Mittelalterliche Atmosphäre und ein Hauch von Orient schwingen auch mit. Das Angebot ist von heute: Sweatshirts und Gemüse. Bei der Kirche des hl. Havel gelegen.

Metrolinie A und B bis Müstek

MODE
Mango
┈┈⟩ S. 114, B 14

Der schöne Laden der Modekette aus Spanien liegt im Innenhof eines Renaissancepalais unter einem Glasdach. Die modernen Regale kontrastieren mit Stuck an Rundbögen und Balkonen.

Staré Město, Na příkopě 8; Metrolinie A und B bis Müstek

Dům mody
┈┈⟩ S. 114, C 15

Der einstige Modetempel des Sozialismus macht Fortschritte: Rodier, Levis, H.I.S.-Jeans, Renzo Baldi, Norma. Große Auswahl auf sechs Stockwerken – sogar günstig.

Václavské náměstí 58; Metrolinie A und C bis Muzeum

Green Lion (im Haus U zlatého kříže)
┈┈⟩ S. 114, A 14

Marke Buffalo: Holzfällerhemden und Boots; Klein- und Großkariertes für Öko-Pioniere.

Staré Město, Uhelný trh 6; Metrolinie A und B bis Müstek

Model
┈┈⟩ S. 114, A 13

Handgefertigte Hüte, von d'Artagnans Musketiermütze bis Lady Hamiltons Haube. Für die Kostüme in Milos Formans Film »Amadeus« wurde der Designer des Hauses mit einem Oscar ausgezeichnet.

Josefov, Maislova 3; Metrolinie A bis Staroměstská

PARFÜM
Christian Dior
┈┈⟩ S. 114, A 13

Klassische Parfums und hochwertige Kosmetikartikel für die anspruchsvolle Dame und den gepflegten Herrn.

Staré Město, Pařížská 7; Metrolinie A bis Staroměstská

Handbemalte böhmische Marionetten sind wertvolle Geschenke.

MERIAN-Tipp

 Botanicus

Das Paradies der Düfte. Eine verführerische Palette der Naturprodukte für Schönheit und Pflege: Seifen mit Banane, Rosenöl, Honigbad, Aprikosenlotion, Erdbeercreme und Aromakerzen für die Seele. Allein das Schnuppern macht unter dem renovierten Renaissance-Gewölbe große Freude. Im zauberhaften Rahmen des alten Ungelt-Hofes hinter der Teynkirche.

Tyn 3; Metrolinie B bis Náměstí Republiky; tgl. 10–19 Uhr ⸽⸽⸽ S. 114, B 13

PORZELLAN UND KERAMIK

Rose ⸽⸽⸽⸽⸽ S. 114, C 13
Alles in Rosa: Tassen und Teller von der Traditionsmarke »Haas a Czjzek«. Manufaktur seit 1811.
Staré Město, Na poříčí 34; Metrolinie B bis Náměstí Republiky

PUPPEN UND MARIONETTEN

Galerie Amos ⸽⸽⸽⸽⸽ S. 113, F 11
Der schönste Teufel kommt von der Legienbrücke. Holzschnitzer Vaněk haucht seinen Figuren Leben ein.
Legienbrücke (Mauthäuschen am Kampa); Tram 22 bis Újezd

U šaška (Zum Clown) ⸽⸽⸽⸽⸽ S. 114, A 14
Nichts für zarte Gemüter: Das Burgfräulein mit durchgeschnittener Kehle, der Kaplan jagt hinter der Magd her … Mit kleiner Werkstatt.
Staré Město, Jilská 11; Metrolinie B bis Národní třída

SCHALLPLATTEN/CDs

Popron Megastore ⸽⸽⸽⸽⸽ S. 114, B 15
Das größte Angebot an Klassik und Oper. Hören Sie sich auch einmal tschechische Musik an: Pop von Waldemar Matuska oder Chansons von Hana Hegerova.
Jungmannova 30; Metrolinie A und B bis Můstek

SCHMUCK

František Vomáčka ⸽⸽⸽⸽⸽ S. 114, A 14
Herr Vomáčka macht eigene Kollektionen in Silber und Gold, besetzt mit Rubinen und Granat. Der Laden liegt unweit einer sehenswerten Rotunde aus dem 13. Jh., nahe der Karlsbrücke.
Staré Město, Náprstkova 9; Metrolinie B bis Národní třída

Galerie Vlasta ⸽⸽⸽⸽⸽ S. 114, A 13
Schmuck wie für Feen, hauchdünn gearbeitet. Märchenhaft!
Staré Město, Staroměstské nám. 5, Metrolinie A bis Staroměstská

Gallery Karolina ⸽⸽⸽⸽⸽ S. 114, B 14
Einzelanfertigungen, Rokoko-Medaillons, Colliers der Hofdamen. Seltene Stücke.
Staré Město, Železná 6; Metrolinie A und B bis Můstek

SCHUHE

Bata ⸽⸽⸽⸽⸽ S. 114, B 14
Der VW unter den Schuhen, tschechische Traditionsmarke mit neuem Design. Auch internationale Hersteller.
Staré Město, Václavské náměstí 4; Metrolinie A und B bis Můstek

Humanic ⸽⸽⸽⸽⸽ S. 114, A 15
Schuhe West, Preise Ost. Markenartikel gibt es hier immer noch zum Schnäppchenpreis.
Nové Město, Národní 34; Metrolinie B bis Národní třída

STOFFE

Dům vlny Unitex ⸽⸽⸽⸽⸽ S. 114, A/B 14
Haus der Wolle. Riesige Stoffauswahl in vielen Qualitäten und Farben.
Staré Město, Melantrichova 18; Metrolinie A und B bis Můstek

WÄSCHE

Palmers ⸽⸽⸽⸽⸽ S. 114, C 13
Feine Dessous vom Markenhersteller aus Österreich – günstiger als in Wien.
Staré Město, Králodvorská 7; Metrolinie B bis Náměstí Republiky

Am Abend

Mozart im Konzertsaal oder Jazz im Keller – das Prager Nachtleben hat Kultur und Nostalgie zu bieten.

Der traditionsreiche Jazzclub Reduta ist eine Institution in der Stadt.

Für Theaterliebhaber ein unvergessliches Ereignis: die berühmte Laterna Magika, das »schwarze Theater« von Prag.

Jazz ist Trumpf. In der europäischen Szene ist Prag ein Hot Spot. Schneller wird Bebop mit halsbrecherischen Breaks nicht mal in New York gespielt. Auch für Dixie ist Prag international bekannt, die Stadt gilt als die zweitwichtigste Metropole nach New Orleans. Der Rahmen für die Acts stimmt auch: Der jugendstilartige Lucerna-Saal kann durchaus mit der berühmten Carnegie Hall mithalten. Im »Reduta« stand sogar Bill Clinton bei seinem letzten Pragbesuch auf dem Podium. Und er ließ sich sogar zu einem Saxofonsolo hinreißen. Die Clubs haben sich längst nach den Stilrichtungen institutionalisiert. Ein paar Empfehlungen: »Agharta«, »U staré paní«, »Viola«, »Malostranská Beseda« enttäuschen selten.

Eine andere typische Prager Spezialität ist das »schwarze Theater«. Ein schwarzer Hintergrund ermöglicht eine fliegend-fließende Magie. Die perfekte Illusion erreichten die Schau- spieler des Theaters »Laterna Magika«, sie wurden bereits 1958 auf der Expo Brüssel mit der Goldmedaille ausgezeichnet. Diese Tradition setzen mehrere Künstler fort, die in Prag mittlerweile eine regelrechte »schwarze Szene« bilden. Auch die Prager Musiktheater gewinnen zunehmend mehr Fans, weil sie auf dem europäischen Opernmarkt als Preisbrecher auftreten. Billigere Opernkarten gibt es nirgendwo. Gelegentlich wird man von der Qualität der jungen Stimmen angenehm überrascht sein.

BARS

Ein Gefühl-Mix wie Venedig in New York Manhattan erfasst einen auf der neuesten Bar-Terrasse mitten in der Moldau: **Hergetova cihelna** – und damit hat Prag nun die trendige Cocktail-Kultur – gepflegt und gestylt. Sonst geht es in Szenekreisen eher urig bis knorrig zu. Die Club-Mutationen aus Bar, Café, Musikshop, Galerie und Podium haben allerdings auch ihren Reiz. Es sind Orte der Begegnung, wo man einfache Getränke bestellt, Becherovka, Wodka, Bier oder Rotwein. Hemingway ist zwar niemals in Prag gewesen. Dafür aber Ella Fitzgerald und Duke Ellington, das Golden Gate Quartett und Oscar Peterson. Da braucht man schon die Bar mit Klavier für eine spontane Session.

Bombay Cocktail Bar ····→ S. 114, B 13
Wie ein Wagon vom Orient-Express: Noble Mahagoni-Theke, Backsteinwände, Glasregale, geätzte Spiegel, endlose Mix-Karte.
Staré Město, Dlouhá 13; Tel. 2 22 32 40 40; Metrolinie A bis Staroměstská; tgl. 17–4 Uhr

Bugsy's Bar ····→ S. 114, A 13
Ein Keller, dem Gangster-Kult um Bugsy Siegel geweiht, von David Coulthard, Maurice Hennessy, U 2 geadelt. Barkeeper shaken in weißem Hemd mit schwarzer Fliege, Sieger beim Ranking um Prags beste Cocktailbar.

Staré Město, Pařižska 10 (Eingang Kostečna); Tel. 2 24 81 02 87; Metrolinie A bis Staroměstská; tgl. 19–2 Uhr

Klub Lávka   ⋯⋯⃫ S. 113, F 10

Disko, Bar und Nachtcafé direkt an der Moldau, im Morgengrauen mit Ibiza-Feeling. Bruce Willis sang hier schon mit seiner Rockband.
Staré Město, Novotného lávka 1 (im Erdgeschoss des Smetana-Museums); Tel. 2 22 22 21 56; www.lavka.cz; Metrolinie A bis Staroměstská; tgl. 17–2 Uhr

Malostranská Beseda ⋯⋯⃫ S. 113, D 9

Nahtloser Übergang von der Theke zum Podium. Blues-Barden, Jazz-Combos und Chansonsängerinnen.
Malá Strana, Malostranské náměstí 21; Tel. 2 57 53 20 92; www.mb.muzikus.cz; Metrolinie A bis Malostranská, Tram 22; tgl. außer So 20–2, Bar 11–1 Uhr

Rock-Café   ⋯⋯⃫ S. 114, A 15

Galerie und Café, Disko mit Hard-Rock und eine Keller-Bar unter der Wendeltreppe aus Aluminium.
Národní 22; Tel. 2 24 91 44 16; Metrolinie B bis Národní třída; tgl. 14–2 Uhr

Střelecký ostrov   ⋯⋯⃫ S. 113, F 11

Verglaste Terrasse mit Bar plus Edel-Italiener (19–23 Uhr) auf einer Insel gegenüber dem Nationaltheater.
Střelecký ostrov (Schützeninsel); Tel. 2 24 93 40 26; Tram 17, 22 bis Nationaltheater; tgl. 17–3 Uhr (17–19 Uhr Happy Hour), Café 12–22 Uhr

CLUBS UND MUSIKLOKALE

A studio Rubin   ⋯⋯⃫ S. 113, D 9

Aufregend: lange Nächte mit Jazz, Fusion, Pop-Rock, Blues und tschechischem HipHop in Katakomben unterhalb des St.-Niklas-Doms.
Malá Strana, Malostranské náměstí 9; Tel. 2 57 53 51 88; Tram 12, 22 bis Malostranské náměstí; tgl. ab 20 Uhr

Akropolis   ⋯⋯⃫ S. 115, F 15

Ein Multi-Komplex (erbaut 1928) mit Theater, Kleinkunst- und Livepodium,

MERIAN-Tipp

⑥ **Jazz & Classic auf dem Moldaudampfer**

Im Sommer swingt der Fluss wie der Mississippi. Dixie-Bands an Bord, Blues, Afro-Latin in der Luft gemixt mit Klassik und die historischen Highlights im Blick. Concert + Boat Trip auf dem Schiff **Kotva**, 85 Sitzplätze, Abfahrt vom Anlegeplatz: Čechův most, Pier 5 (beim Hotel Inter-Continental), Di–So 20.30 Uhr, Rückkehr 23 Uhr.

Info & Buchung, Tel. 7 31 18 31 80 oder 06 03 55 16 80; www.jazzboat.cz; Tram 17 bis Náměstí Curieových; Tickets (590 Kč) auch bei American Express, Cedok, Ticketpro   ⋯⋯⃫ S. 110, A 8

Diskothek und Szene-Café. Aus experimentellen Events, Bühnenauftritten der Bands und kultigen DJs ergibt sich ein authentischer Mix, der einzigartig für Prag ist.
Žižkov, Kubelíkova 27; Tel. 2 96 33 09 11; www.palacakropolis.cz; Tram 5, 9, 26 bis Lipanská; ab 19 Uhr, Café/Restaurant 10–1 Uhr

Club Mecca   ⋯⋯⃫ S. 111, F 6

Die Prager Docklands in Industriegebiet von Holešovice. Der Sound wummert: Drum 'n' Bass, treibende Tanzmusik von angesagten DJs. Alles, was sich progressiv gibt, trifft sich hier. Im Café, Restaurant oder Jazzclub.
Praha 7, Holešovice, U průhonu 3; Tel. 2 83 87 05 22, 2 24 23 96 97 (Jazz-Club); www.mecca.cz; Metrolinie C bis Vltavská sowie Tram 1, 13, 12; Café: tgl. 12–24 Uhr, Disco: Fr, Sa 23–6 Uhr, Jazzclub ab 21 Uhr; Eintritt ab 99 Kč, Jazz-Sesions 200 Kč

Karlovy lázně   ⋯⋯⃫ S. 113, F 10

Ehemals städtische Badeanstalt bei der Karlsbrücke, umgebaut zum angesagten Szene-Club auf fünf Etagen. Internet-Café (10–5 Uhr), Dancefloor, Techno, Trance bis Mainstream. Sehr

junges Publikum.
Staré Město, Novotného lávka 1;
www.karlovylazne.cz; Metrolinie A bis
Staroměstská; Di–So 21–5 Uhr; Eintritt
50/100 Kč

Klub Radost ····⟩ S. 115, D 16
Prags Antwort auf »Les Bains« in Pa-
ris. Premierenpublikum bei Miss- und
Misterwahlen, Modenschauen – alles
im Ambiente der Dreißigerjahre.
Nové Město, Bělehradská 120;
Tel. 2 24 25 47 76; Metrolinie A und C bis
I.P. Pavlova; tgl. 22–5 Uhr

Roxy ····⟩ S. 114, B 13
Location für experimentelle Kunst
und Previews. Das letzte Stück vom
»wilden Prag« nach 1989. Sofort hin,
morgen kann's schon vorbei sein!
Staré Město, Dlouhá 33; Tel. 2 24 82 62 96;
Metrolinie B bis Náměstí Republiky;
Informationen laut Aushang am Eingang

JAZZ
Die Prager Synkopen haben ihre eigene Prägung, und die Saxofonisten
sind weltberühmt. Es ist ein Musik-
dialog, den man verstehen muss,
sonst ist der Abend verloren. In Prag
gehört Jazz wie selbstverständlich zur
intellektuellen Pflicht.

Agharta ····⟩ S. 114, C 16
Tagsüber ein Plattenladen mit Café,
abends eine Livebühne für international renommierte Jazzer. Dicht am
Wenzelsplatz in einer Seitengasse
gelegen.
Nové Město, Krakovská 5; Tel.
2 22 21 12 75; www.agharta.cz; Metrolinie A und C bis Muzeum; Jazz Club 21–24,
Café & Shop 13–2, Sa, So 19–24 Uhr

Jazz 'n' Blues Club ····⟩ S. 114, B 13
Unter dem Gewölbe aus dem 15. Jh.
zwei tiefe Kellergeschosse; täglich
Sessions der anerkannten Prager
Blues Heros.
Staré Město, Ungelt, Týnská ulička 2; Tel.
2 24 89 57 48; Metrolinie B bis Náměstí
republiky; tgl. 20–24 Uhr

Lucerna Music Bar ····⟩ S. 114, B 16
All-Stars von New York bis Paris gas-
tieren hier gern wegen der einzigarti-
gen Nostalgie-Atmosphäre in diesem
Jugendstil-Labyrinth.
Nové Město, Vodičková 36; Tel.
2 24 21 71 08; Metrolinie A und B bis
Muzeum; ab 21 Uhr

Metropolitan Club ····⟩ S. 114, B 15
Swing. Ausgezeichnete Quartetts
gastieren hier. Ruhige Atmosphäre.
Jungmannova 14; Tel. 2 24 21 60 25;
Metrolinie A und B bis Můstek; tgl. 19–2,
Plattenladen 13–21 Uhr

Reduta ····⟩ S. 114, A 15
Der Tempel der Prager Jazztradition.
Hier hat alles angefangen, der erste
Dixie, Traditional und Swing in Prag.
Und auch Ex-Präsident Bill Clinton
spielte hier Saxofon bei seinem Prag-
Besuch.
Národní 20; Tel. 2 24 91 22 46; Metrolinie
B bis Národní třída; Beginn 21 Uhr

U staré paní (Zur alten Dame)
····⟩ S. 114, A 14
Jüngster Jazzclub Prags im alten Ro-
manen-Keller, inzwischen gut eta-
bliert. Täglich wechselnde Sessions,
Combos, Free-Style. Generation X.
Staré Město, Michalská 9; Tel.
6 03 55 16 80; www.jazzinprague.com;
Metrolinie A und B bis Můstek

KINO
Lucerna ····⟩ S. 114, C 15
Jugendstilflair entzückt im Kinokom-
plex »Lucerna« mit wunderbarem
Nostalgie-Café, Kino und Konzertsaal,
erbaut vom Großvater des Ex-Präsi-
denten Havel. Weitere Kinos wie Alfa,
Blanik, Jalta, Hvezda, Svetozor ebenfalls am Wenzelsplatz.
Václavské náměstí; Metrolinie A und B
bis Můstek, A und C bis Muzeum

KONZERTE
Das Musikfestival »Prager Frühling«
ist weltberühmt. Es reisen Orchester
und Solisten von Weltrang an. Stardi-

Mozart kam 1787 nach Prag – in der Staatsoper erinnern bei Festen die historischen Kostüme der Theaterdiener an die Kleidung aus der Rokoko-Zeit.

rigenten leiten die Tschechische Philharmonie. Ein besonderes Erlebnis ist der Besuch von Kirchenkonzerten: Es erwartet Sie barocke Pracht und Klangwucht – unvergesslich.

Agnes-Kloster, Franziskuskirche (Anežský klášter)   ⋯⋯⟩ S. 110, B 8
Stammhaus der »Musica da camera Praga«.
Staré Město, U milosrdných 17; Tel. 2 24 81 06 28; Metrolinie A bis Staroměstská; Beginn 19.30 Uhr, Sa und So Kammermusikmatinee 10.30 Uhr

Rudolfinum (Dům umělců)
⋯⋯⟩ S. 114, A 13
Sitz der Tschechischen Philharmonie.
Staré Město, Alšovo nábřeží 12; Tel. 2 24 88 33 52, 2 24 89 31 11; Metrolinie A bis Staroměstská; Beginn 19.30 Uhr

Smetana-Saal des Gemeindehauses (Obecní dům)   ⋯⋯⟩ S. 114, C 13
Adresse der »Prager Sinfoniker«. Akustisch und optisch gehört der Smetana-Saal zur Spitzenklasse.

Náměstí Republiky 5; Tel. 2 22 00 21 01; www.obecnidum.cz; Metrolinie B bis Náměstí Republiky; Beginn 19.30 Uhr

MULTIMEDIA
Křižíkova fontána   ⋯⋯⟩ S. 111, C 5
Was für Paris der Eiffelturm bedeutet, ist diese Wasserfontäne für Prag: ein Wunderwerk der Technik. Light & Sound, konstruiert 1891 vom genialen Elektroingenieur Franisek Krizík zur Landesausstellung. Auch Multi-Bühne für Musicals und Pop-Konzerte genutzt. März–Okt. 21 Uhr.
Výstaviste (Messegelände), Tel. 2 20 10 32 80/2 95; www.krizikovafontana.cz; Tram 5, 12, 17 bis U výstaviste.

Laterna Magika   ⋯⋯⟩ S. 113, F 11
Eine Multimedia-Show, als Weltsensation bei der Expo '58 in Brüssel vorgestellt. Seitdem eine Prager Kuriosität. Spielt in der Neuen Szene (Nova scéna Národního Divadla).
Národní 4; Tel. 2 24 93 14 81; www.laterna. cz; Metrolinie B bis Národní třída, Tram 17, 22 bis Národní divadlo

Theater Spirale   ⋯⟩ S. 111, E 6

Wie der Name besagt, sind die Sitzreihen wie eine Spirale angeordnet. Moderne Bühnentechnik für Musicals, Multimedia-Events mit Laser und Videos – ähnlich der Laterna Magika.

usstellungsgelände Holešovice; Tel. 2 25 09 94 68, 2 96 32 99 99 (Tickets); Metrolinie C und Tram 12, 17, 5 bis Holešovické nádraží; Beginn 19.30 Uhr

Zauberhaftes Theater der barocken Welt (Zázračné divadlo barockního světa)   ⋯⟩ S. 114, B 14

»Orfeo ed Euridice« von Puppen zu Musik vom Band gesungen – auf Italienisch. Meisterhafte Aufführung. Einzigartig, sehenswert.

Staré Město, Celetná 13; Tel. 22 32 41 89; Metrolinie B bis Náměstí Republiky; Beginn 20 Uhr

MUSICAL

Divadlo kalich (Theater Kelch)   ⋯⟩ S. 114, B 15

Eigene Musicalproduktionen. Neuinszenierung »Der Ratterfänger«. Mit Surround-Sound-Effekten, dass der Boden bebt.

Staré Město, Jungmannova 9; Tel. 2 96 24 53 11; Metrolinie A und B bis Můstek; Beginn: Mi, Sa 20 Uhr, Sa, So 15 Uhr

OPER UND BALLETT

All Colours Theatre (Schwarzes Theater)   ⋯⟩ S. 114, B 14

»Die drei Klassiker«: Musik von Haydn, Mozart, Vranický, getanzt in magischen Variationen vor schwarzen Kulissen.

Staré Město, Rytířská 31; Tel. 2 21 61 01 73; Metrolinie A und B bis Můstek; Beginn 20.30 Uhr

Opera Mozart   ⋯⟩ S. 113, F 10

Mozart und die Avantgarde, Klangexperimente mit szenischem Environment. Mozarts Zauberflöte einmal anders, schönste Arien.

Novotného lávka 1; Tel. 2 24 81 93 22-3; Metrolinie A bis Staroměstská; Tram 17 bis Karlovy Lázně; Beginn 20 Uhr

Nationaltheater (Národní divadlo)   ⋯⟩ S. 113, F 11

Národní 2; Tel. 2 24 90 14 48; www. narodni-divadlo.cz; Metrolinie B bis Národní třída, Tram 17, 22; Beginn 19, Sa und So auch 14 Uhr; Karten 30–1000 Kč

Staatsoper (Smetanovo divadlo)   ⋯⟩ S. 115, D 15

Operette und die »leichte« Oper, auch Stücke von Mozart.

Wilsonova třída 4; Tel. 2 96 11 71 11; www.opera.cz; Metrolinie A und C bis Muzeum; Beginn 19 Uhr

Ständetheater (Stavoské divadlo)   ⋯⟩ S. 114, B 14

Hier wurde 1787 Mozarts »Don Giovanni« uraufgeführt. Graf Nostitz hatte 1781 dieses Privattheater errichten lassen. Schauspiel und Oper.

Staré Město, Ovocný trh 6; Tel. 2 24 21 50 01; Metrolinie A bis Staroměstská; Beginn 19, Sa auch 14 Uhr

Villa Bertramka   ⋯⟩ S. 116, C 17

Dauerprogramm: »Eine Nacht mit Mozart«. Eine Episode aus Mozarts Aufenthalt in Prag wird in Kostümen nachgespielt und mit Arien aus den bekanntesten Opern untermalt.

Smíchov, Mozartova 15; Tel. 2 57 31 84 61; www.bertramka.cz; Metrolinie B bis Anděl; Fr und Sa 20 Uhr

SHOW UND KABARETT

Gold fingers   ⋯⟩ S. 114, B 14

Dinner und Show. Buntes Programm: Tanz, Pantomime und Revue, auch mit Marionetten, Tabledance.

Václavské náměstí 5 (Passage des Hotels »Ambassador«); Kartenvorverkauf: Tel. 2 24 21 04 63; Metrolinie A und B bis Můstek; tgl. 21–4 Uhr

Musiktheater in Karlin (Hudební divadlo Karlín)   ⋯⟩ S. 115, E 13

Das Musical- und Operettentheater. Über 100 Jahre alt. Neuinszenierung »Jekyll & Hyde«.

Karlin, Křižíkova 10; Tel. 2 22 89 75 51; Metrolinie B bis Křižíkova; Beginn 19 Uhr

Feste und Events

Tanz, Musik oder Sport – eine unglaubliche Vielzahl von Veranstaltungen macht die Wahl zur Qual.

Konzert der Tschechischen Philharmonie in der Dvořák-Halle des Rudolfinums, wo traditionell Konzerte des »Prager Frühlings« und »Prager Herbsts« stattfinden.

Die Idee, den langen Winter zu verabschieden und den Frühling mit Musik zu begrüßen, geht auf den Landesvater Karl IV. zurück. Seine Einladung galt den besten Bänkelsängern, Harfenisten, Minnesängern, Lautenspielern und Troubadouren seiner Zeit. Aus allen Ländern Europas strömten sie an seinen Hof. Um Erfolg zu haben, musste jeder etwas Neues, möglichst Originelles vorweisen – eigentlich war damit die Urform der Grand Prix Eurovision de la Chanson geboren. Aus dieser Tradition entstand später das offizielle Musikfestival »Prager Frühling« und zwar als Friedensbotschaft. Als Prag im Mai 1945 von den deutschen Besatzern befreit wurde – genau am 8. Mai, heute ein Staatsfeiertag –, beschlossen die Musiker der Tschechischen Philharmonie, das innigste Werk der Nation aufzuführen: Bedrich Smetanas sinfonische Dichtung »Mein Vaterland« (Má vlast). Ein schweres, pathetisches Werk mit wagnerianischen Zügen. Die Komposition verstand sich bei der Premiere 1879 als ein Beitrag, um das Selbstbewusstsein der tschechischen Nation zu stärken.

Der einst von Karl IV. geforderte musikalische Wettstreit zeigt sich heute in dem alljährlichen Wettbewerb der Solisten: Alle Instrumente gelten als gleichwertig. So wird nicht nur der beste Geiger oder Pianist ausgezeichnet, sondern jeweils auch die besten Musiker auf den anderen Instrumenten. Die Fülle der Veranstaltungen ist riesig, und die Konzerte finden an vielen Orten in Prag statt. Der Ausklang erfolgt traditionell mit Beethovens 9. Sinfonie und Schillers Ode »Alle Menschen werden Brüder«.

Ohne ein Festival-Etikett versehen, errangen auch die Weihnachtskonzerte in Prag ein europaweites Ansehen. Das sprichwörtliche »Was ein Tscheche, das ein Musikus« zeigt sich überall, selbst in den Straßen. Was die Dichte der »Pflasterpaganinis«

pro Quadratmeter angeht, ist Prag wohl führend in Europa. Das gilt auch für die Begeisterung des Publikums.

JANUAR
Europäischer Karneval in Prag
Von Basler Fastnacht über Samba aus Rio bis Masken aus Venedig. Umzüge zu Gast in Prag.
www.pis.cz, Karten: www.bohemiatiket.cz; erstes Wochenende nach Hl. Drei Könige

FEBRUAR
Žižkovský masopust
····⋗ S. 115, nördl. F 13/15
Fasching in Prags »schwarzem Viertel« Žižkov. Mit Schlachtfest und Kostümparade. Hochburg sind die Kneipen »U vystřeleného oka« (U bozich bojovníku 3; Tram 5, 9, 26 bis Lipanská) sowie »Palác Akropolis« (Kubelíkova 27; Tel. 2 96 33 09 11; www. palacakropolis.cz; Metrolinie A bis Jiřího z Poděbrad, Tram 5, 9, 26 bis Lipanská).
Letztes Wochenende im Monat; Infotelefon: 7 23 37 09 44; www.praha3.cz

März

Mozart Open

Theaterfestival: Arien und Opern-Mix als Gegenstück zu Salzburg (alljährlich März bis Oktober). Im Klub Lávka (→ S. 37) und im Marionetten-Nationaltheater (┅┅┥ S. 114, A 13).

Programm via Internet: www.mozart-open.cz; Nationaltheater der Marionetten (Národní divadlo marionet): Staré Město, Žatecká 1, Tel. 2 24 81 93 22; Metrolinie A bis Staroměstská, Tram 17 bis Smetanovo nábřeži

Agharta Prague Jazz Festival

┅┅┥ S. 114, C 16/B 15

Die Synkopen-Saison im Agharta Club und in der Lucerna Music Bar beginnt im März und dauert bis Oktober. Ein Ohrenschmaus für Jazzliebhaber.

Agharta Club: Nové Mesto, Krakovská 5; Tel. 22 21 12 75; www.agharta.cz; Metrolinie A und C bis Muzeum; Lucerna Music Bar: Nové Mesto, Pasáž Lucerna, Vodičkova 36, Tel.: 2 24 21 71 08; Metrolinie A, B bis Muzeum

April

Bohemia Žofin Cup   ┅┅┥ S. 113, F 11

Wettbewerb und Showtanzen der besten Paare der Welt. Im Goldenen Saal des Sophien-Palais auf der Slaweninsel.

www.cokdyvpraze.cz, www.pis.cz; spezielle Tanz-Homepage: www.tanecpha.cz oder www.praguedancefestival.cz; Sophien-Palais (Slovanský ostrov); Tram 17, 22 bis Národní divadlo

Mai

Prager Frühling (Pražské jaro)

Die Eröffnung im Repräsentationshaus (Obecní dům ┅┅┥ S. 114, C 13) ist jeweils am 8. Mai. Als Finale (etwa Mitte Juni) ertönt traditionell Beethovens »Neunte« im Rudolfinum (┅┅┥ S. 114, A 13). Mit Schillers Ode »Alle Menschen werden Brüder«.

Büro: Malá Strana, Hellichova 18; Tel. 2 57 31 25 47, 2 57 31 19 21; www.festival.cz; www.czechmusic.org

Juli

Filmfestival Karlsbad

Echte Hollywood-Stars hautnah. Gegründet 1946. Neben Cannes, Berlin und Venedig in der A-Kategorie. Der Oscar heißt hier Kristallglobus.

Organisation: Filmovy Festival Karlovy Vary, Panská 1; Tel. 2 21 41 10 11/22; Fax 2 21 41 10 33; www.iffkv.cz

August

Audite Organum   ┅┅┥ S. 114, B 13

Internationales Orgelfestival in der Basilika St. Jakob bis zum letzten Sonntag im September. Akustik mit Gänsehaut-Effekt.

Staré Město, Malá Štupartská 6; Tel. 2 57 31 72 69; www.auditeorganum.cz; www.czechmusic.org; Metrolinie B bis Námestí Republiky

September

Prager Herbst (Pražský podzim)   S. 114, A 13

Internationale Konzertreihe im Rudolfinum in der zweiten Septemberhälfte. Werke der tschechischen Komponisten Smetana, Dvořák, Fibich, Janáček und Martinu (der Moldau-Debussy) stehen im Mittelpunkt.

Büro: MHF, Přiběnická 20; Tel. 2 22 54 04 84, Fax 2 22 54 04 15; www.prazskypodzim.cz

Oktober

Festival Musica Judaica

┅┅┥ S. 114, A 13

Jüdische Musiktage zwischen Folklore, Religion und Tradition.

Kulturní zentrum ZMP, Maiselova 15; Tel. 24 81 93 52, Fax 2 22 32 51 72; E-Mail: office@jewishmuseum.cz

Dezember

Weihnachtsmarkt am Altstädter Ring   ┅┅┥ S. 114, B 13

Handwerk aus dem Mittelalter, Eisenschmiede, Glasbläser, Puppenmacher und Lebkuchenbäcker. Am heiligen Abend singt dann Karel Gott, die »Goldene Stimme« von Prag, traditionell live.

Familientipps – Hits für Kids

Das Goldene Gässchen, eine Dampferfahrt zum
Zoo und ein Spiegellabyrinth bringen viel Spaß.

Marktplatz am Altstädter Ring: So macht die Stadt auch Kindern Spaß.

Geschichtsunterricht für die ganze Familie fängt an der Karlsbrücke an (→ Spaziergang, S. 76). Die Steinheiligen wecken Neugier und Fantasie. Zudem gibt es hier wirklich viel zu sehen: Gaukler und Straßenmusiker, Puppen- und Kindertheater unter freiem Himmel. Andere historische Orte für Groß und Klein sind die astronomische Uhr **Orloj** am Altstädter Rathaus und das **Goldene Gässchen** (→ Sehenswertes, S. 54). Eine Dampferfahrt zum **Zoo** gehört ebenfalls zu den Attraktionen für Kinder. Und wer die Altstadt ohne Gequengel erleben will, steigt einfach in die **Bimmelbahn**. So hat jeder seinen Spaß.

Bimmelbahn ····⟩ S. 114, A 14

Haltestelle für die Rundfahrt ist beim Alten Rathaus.

Staroměstské náměstí; Metrolinie A bis Staroměstské; Abfahrt zu jeder vollen Stunde, von April–Okt.; Dauer 50 Minuten; Fahrpreis 180 Kč, Kinder bis 12 Jahre kostenlos

Kutschenfahrt ····⟩ S. 114, A 14

Neben dem Altstädter Rathaus warten Droschken in endloser Reihe, darunter auch historische Gefährte – Besichtigung auf festgelegter Route.

Staroměstské náměstí; Metrolinie A bis Staroměstské; Minimum drei Personen; Fahrpreis ab 200 Kč pro Person

Puppentheater »Spejbl und Hurvinek« (Divadlo Špejbla a Hurvínka)
····⟩ S. 108, C 3

Vater und Sohn und die schrecklich nette Familie, schon 1919 ins Leben gerufen. In Deutsch jeweils für Gruppenbestellungen ab 150 Personen. Die Stücke sind, da wenig Text, aber auch in Tschechisch verständlich. Die Puppen wirken lebensecht, sie verändern sogar den Gesichtsausdruck.

Dejvická ul. 38; Tel. 2 24 31 67 84; Metrolinie A bis Dejvická; Vorstellungen in Tschechisch; Di–Fr 10 Uhr, Sa 14 und 16.30 Uhr; Eintritt 10–12 Kč, deutsche Vorstellung 190 Kč

Ritterspiele am Petřín ····⟩ S. 112, C 10

Neben dem Aussichtsturm wird im Sommer Mittelalter ins geboten. Mantel- und Degen-Stücke, Sketche mit fröhlichen Marketenderinnen, Räubern und Gendarmen.

Bergstation der Seil-Zahnradbahn; Tram 5, 9, 12, 22 bis Újezd, umsteigen in Seil-Zahnradbahn; wochentags von 16–18 Uhr, Sa und So schon ab 11 Uhr, jeweils jede volle Stunde; Eintritt 25–50 Kč

Spiegellabyrinth Petřín
····⟩ S. 112, C 10

Neben dem »Kleinen Eiffelturm«. Die verschieden geformten Spiegel verzerren den Betrachter zur Bohnenstange oder zum Zwerg.

Bergstation der Seil-Zahnradbahn, umsteigen von Tram 5, 9, 12, 22 an der Station Újezd; tgl. April–Okt. 9–18 Uhr; Eintritt 40 Kč, Kinder 10 Kč

Spielzeugmuseum ····⟩ S. 113, E 9

Eine Zauberwelt für Groß und Klein auf der Hradschin-Burg.

Metrolinie A bis Hradčanská; tgl. 10–17 Uhr, außer Mo; Eintritt 50 Kč, Kinder 30 Kč

Technisches Museum ····⟩ S. 110, B 7 (Národní technické muzeum)

Man vergisst die Zeit zwischen all diesen Oldtimern und Loks, fliegenden Kisten und alten Maschinen. Sonnen- und Sternuhren können Sie in der Abteilung Astronomie besichtigen.

Letná, Kostelní 42; Metrolinie C bis Vltavská, Tram 1, 8, 25, 26; tgl. außer Sa und So 9–17 Uhr; Eintritt 70 Kč, Kinder 30 Kč, erster Fr im Monat frei

Zoo (Pražská zoologická zahrada)
····⟩ S. 111, nördl. E 5

Schluchten, Wiesen, Felsen auf insgesamt 65 ha Fläche; 600 Tierarten.

Troja, U trojského mostu 3; Tel. 2 96 11 21 11; Metrolinie C bis Holešovické Nádraží, umsteigen in Bus Nr. 112 bis Zoo; mit dem Dampfer von der Palacky-Brücke (Palackého most); die Fahrt – ab 9 Uhr hin, ab 15 Uhr zurück – kostet 40 Kč; Dauer 1 1/2 Std.; tgl. 9–18, im Winter 9–17 Uhr

Unterwegs in Prag

Der Hradschin – einst Symbol der Macht – bildet das größte geschlossene Burgareal der Welt.

Für das Millennium wurde die tschechische Kapitale als eine der Kulturhauptstädte Europas gekürt, und der historische Stadtkern gehört zum UNESCO-Kulturerbe der Menschheit.

Sehenswertes

Nirgendwo in Europa bliebt der historische Stadtkern so vollständig erhalten wie in Prag.

*Hier schlägt das Herz der Stadt! Der immer belebte Altstädter Ring mit der Teynkirche,
die im Mittelalter von Prager Bürgern finanziert wurde.*

Nach 40 Jahren Vergangenheit als sozialistische Stadt ist in den alten Gassen und auf den prachtvollen Plätzen inzwischen neues Leben erwacht. Die historischen Fassaden erstrahlen im neuen Glanz. Wer noch vor kurzem Prag besuchte, wird bei seinem nächsten Aufenthalt bereits überrascht sein, wie viel Neues es inzwischen gibt. Prag ist heute wieder das, was es schon immer war: Zentrum Europas. Ein lebendiges Museum, das mit einer Vielzahl von Sehenswürdigkeiten aufwartet. Leider auch mit den dazugehörigen Schattenseiten: lange Schlangen und Wartezeiten vor Heiligenstatuen und Gemälden.

Da ist man gut beraten, auf die eine oder andere Sehenswürdigkeit zu verzichten und sich einfach treiben zu lassen. Es gibt genügend zu sehen, auch wenn man keinem festen Besichtigungsprogramm hinterherläuft. Vielleicht halten Sie es mit Mozart: »Ich entdeckte jeden Tag etwas Neues, dabei ging ich stets vom Theater den gleichen Weg nach Hause.«

Agnes-Kloster (Anežský kláster)   ⋯⋯⟩ S. 110, B 8

Im Jahre 1234 gründete Agnes, die Schwester von König Wenzel I., ein Minoritenkloster für Männer und einen Klarissinnenkonvent, dem sie als Äbtissin vorstand. Das einstige Klarissinnenkloster ist eines der bedeutendsten Denkmäler der böhmischen Christenheit und gehört zu den ältesten Bauten der Stadt. Heute beherbergt es die Sammlungen der **Nationalgalerie** (→ S. 66) und des **Kunstgewerbemuseums** (→ S. 65). Der **Konvent** und die beiden Kirchen, **St. Franziskus** und **St. Salvator,** wurden aufwendig renoviert. Der imposante Kreuzgang bietet eine gute Akustik für Kirchenmusik und Weihnachtskonzerte mit barocken Oratorien. Durch eine schmale Gasse kommt man zum historischen Restaurant »U červeného kola« (»Zum roten Rad«), im Sommer mit Plätzen im Garten.

Staré Město, U milosrdných 17; Metrolinie B bis Náměstí Republiky; Tram 5, 14, 26 bis Dlouhá třída; tgl. außer Mo 10–18 Uhr

Altneusynagoge (Staronová synagoga)   ⋯⋯⟩ S. 114, A 13

Die älteste erhaltene Synagoge Europas wurde 1270 errichtet. Ein magischer Ort, an dem es einem kalt über den Rücken läuft. Besonders verehrt wird Rabbi Löw. Nach seinem Tod 1609 traute sich niemand mehr, seinen Platz einzunehmen. Die Scherben seiner Kreatur Golem liegen angeblich unter den Fundamenten. Man sagt, sollte dieser auferstehen, würde die Synagoge wohl einstürzen. Die Pilger ziehen zu Löws letzter Ruhestätte am **Alten Jüdischen Friedhof.** Oben auf dem Grabstein legen Gläubige Zettel mit Wünschen. Nach einem uralten jüdischen Brauch bringt man dem Toten keine Blumen, sondern kleine Steine (→ Spaziergänge, S. 78).

Josefov, Maiselova; Metrolinie A bis Staroměstská; tgl. außer Sa (Sabbat) 9–16.30 Uhr; Eintritt 150 Kč (Synagoge), 20 Kč (Friedhof)

Altstädter Rathaus und Astronomische Uhr (Staroměstská radnice und Orloj)   ⋯⋯⟩ S. 114, A 14

Ein herrlicher Platz mit einer schauerlichen Geschichte. Eisenkreuze im Pflaster vor dem Eingang erinnern an die Hinrichtung von 27 böhmischen Adligen nach der verlorenen Schlacht am Weißen Berg am 8. Nov. 1620, dem schwärzesten Datum der böhmischen Geschichte. Denn danach übernahmen die Habsburger in Böhmen die Macht, das Nationalbewusstsein war für 300 Jahre schwer beschädigt. Das alte Rathaus, 1338 erbaut, erlebte aber auch glanzvolle Zeiten. Der demokratisch gewählte »Volkskönig« Georg von Poděbrad zog 1458 die schlichten Amtsstuben der Burgpracht vor und regierte hier. Nachdem das Gebäude den Krieg heil überstanden

Stündlich erscheinen die Apostel – astronomische Uhr am Altstädter Rathaus.

hatte, wurde der Ostflügel drei Tage vor Ende des Zweiten Weltkrieges doch noch zerstört. Dort klafft am Altstädter Ring bis heute eine Lücke.

Zu jeder vollen Stunde warten viele Besucher vor dem Rathaus, um die berühmten zwölf Apostel zu sehen. Sie erscheinen im Fensterchen der astronomischen Uhr Orloj, 1490 von Meister Hanus vollendet. Die Stadträte ließen ihn durch ein glühendes Schwert blenden, damit er kein vergleichbares Uhrwerk mehr konstruieren konnte. Von dem 69 m hohen Rathausturm hat man einen schönen Blick auf die Altstadt. Im Erdgeschoss ist eine Galerie mit temporären, avantgardistischen Ausstellungen untergebracht.

Staroměstské náměstí 1; Metrolinie A bis Staroměstská; tgl. 9–17 Uhr, Besichtigung der Säle und des Turms; Eintritt 50 Kč

Altstädter Ring (Staroměstská náměstí) ····⫞ S. 114, B 13–14
Das alte Herz der Stadt war bereits um 1100 besiedelt, heute konzentriert sich hier das touristische Leben.

Sonntags kämpfen Ritter in historischen Kostümen vor dem Rathaus, zur Adventszeit leuchtet hier der Weihnachtsbaum der Republik.

Im Mittelalter lag der Platz übrigens noch eine Etage tiefer. Die immer wiederkehrenden Überflutungen machten die Anhebung des Straßenniveaus notwendig. Eine günstige Gelegenheit, den in der Bauwut des 14. und 15. Jh. in Prag angefallenen Bauschutt sinnvoll einzusetzen.

Einige Häuser verdienen besondere Beachtung: Im **U minuty** mit schwarzweißen Sgraffitos wohnte Kafka. Zur Rokokofassade des **Kinský Palais** kontrastiert das gotische Anwesen **U kamenného zvohu** (»Zur steinernen Glocke«) nebenan, vermutlich um 1340 Unterkunft von Königin Elisabeth, der Mutter von Kaiser Karl IV., der in Luxemburg und Burgund aufwuchs. Der gelbe Sandstein der Außenfront erstrahlt bei Sonnenuntergang wie Gold. Die Altstädter **St.-Niklas-Kirche** (Kostel svatého Mikuláše) gilt als bescheidenere Ausgabe des prachtvollen Niklasdoms an der Kleinseite: Die Baumeisterfamilie Dientzenhofer war bei beiden Kirchen am Werk. Um die Ecke finden Sie am **Kleinen Ring** (Malé náměstí) das geschmückte Haus **U tří bílých růží** (»Zu den drei weißen Rosen«), vormals Rotths Eisenwarenhandlung, heute ein Feinschmeckerparadies, mit Weinstube im unterirdischen Labyrinth.

Metrolinie A bis Staroměstská

Bethlehemskapelle (Betlémská kaple)   ⸺⟩ S. 114, A 14

An der Wirkungsstätte von Jan Hus wurde 1952 eine getreue Nachbildung der Kapelle errichtet, in der der große Prediger, Reformator und Rektor der Karls-Universität die Prager für seine Ideen begeisterte. Die schlichte Kapelle wurde 1391 errichtet und fasste 3000 Zuhörer. Nachdem Jan Hus 1415 vom katholischen Konzil in Konstanz verurteilt worden war und auf dem Scheiterhaufen starb, bildete sich hier der Kern der hussitischen Bewegung. Nach einem Brand ließen die Jesuiten dieses Gotteshaus 1786 abreißen. Das heutige Bauwerk ist hauptsächlich als Gedenkstätte interessant. Man sollte diesen malerischen Platz trotzdem anschauen, besonders wegen der typischen Altstädter Weinstuben wie **U plebána** (»Zum Volkspriester«) oder **U zátiší,** (»Zum stillen Winkel«). Man erreicht diese Ecke von der hektischen Národní aus über dunkle Hausdurchgänge und verschachtelte Gassen. Und schon fühlt man sich wie in eine andere Zeit versetzt.

Staré Město, Betlémské náměstí 5; Metrolinie B bis Narodní třída; tgl. außer Mo 9–17 Uhr

Carolinum (Karolinum)   ⸺⟩ S. 114, B 14

Das Carolinum ist das älteste noch genutzte **Universitätsgebäude** auf dem europäischen Kontinent, 1348 von Karl IV. als erste Hochschule Mitteleuropas ins Leben gerufen. Unterrichtet wurde an vier Fakultäten: Jura, theologische Philosophie, Medizin und in den sieben freien Künsten. Ende des 18. Jh. waren die ehrenwerten Professoren sehr um die Moral der Studenten besorgt, denn auf der anderen Straßenseite baute Graf Nostitz sein Theater auf. Dort spielte man Mozarts freimaurerische Oper »Figaros Hochzeit«, später den »Don Giovanni«. Markenzeichen der Universität ist der gotische Erker, Teile des

Alljährlich wird im Gedenken an den »Prager Frühling« ein Festival auf dem Altstädter Ring veranstaltet.

Baus sind modernisiert. Begehrt sind die Karten für die Konzerte in der Aula.
Staré Město, Železná; Metrolinie A bis Staroměstská

Czernin Palais
(Černínský palác) ····⟩ S. 112, B 9

Noch ein Emporkömmling: Humprecht Jan Graf Czernin z Chudenic, kaiserlicher Botschafter in Venedig, ließ sich 1668 einen gewaltigen Palast errichten. Die 150 m lange Front entwarf der Italiener Francesco Caratti. Die Kosten allein der ersten Bauphase betrugen 100 000 Gulden. Leider ging der gewünschte Effekt reichlich daneben: Statt den Kaiser zu beeindrucken, war Leopold I. gekränkt, weil dieses Palais größer als seine Burg war. Von den Franzosen 1742 und von den Preußen 1758 schwer beschädigt, hat man den Prachtbau 1928 zum Außenministerium umfunktioniert. Im Februar 1948 wurde Außenminister Jan Masaryk tot im Innenhof aufgefunden. Bis heute blieb ungeklärt, ob Mord oder Selbstmord hinter dem so genannten Dritten Prager Fenstersturz stand.
Hradčany, Loretánské náměstí 5; Metrolinie A bis Hradčanská, Tram 22

Emmauskloster (Emauzy, Klášter
na Slovanech) ····⟩ S. 118, A 21

Ein Vatikan für die Slawen schwebte Karl IV. vor, als er die Klosteranlage plante, die 1353 fertig gestellt wurde. Gegenüber dem Kloster liegen zwei weitere Kirchen: **St. Johann** (Kostel svahéko Jana na skalce) und **Maria na Slupech**. Auf Wunsch Karl IV. wurde Letztere zwischen 1360 und 1365 erbaut und sollte Karls Neustadt architektonisch akzentuieren. Das Kloster bietet einen gotischen Kreuzgang. Auf den restaurierten Fresken ist die Praggründerin Libuse zu sehen, Erkennungszeichen: blonde Löwenmähne. Zum Areal gehört ein 600 Jahre alter botanischer Garten.
Nové Město, Vyšehradská 49; Metrolinie B bis Karlovo náměstí, Tram 22; tgl. außer Mo 9–18 Uhr; Eintritt 30 Kč

Gemeinde- oder **Repräsentations-
haus (Obecní dům)** ····⟩ S. 114, C 13

Prachtvoll renoviert, veredelt, vergoldet, nobel verkleidet. Im Mai 1997 feierlich wiedereröffnet, steht der neue Stolz der Nation als ein Tempel für Musik, Events, Gastronomie und Honoration täglich in Betrieb. Um 1385 befand sich hier schon einmal der wichtigste Ort der Stadt. Wenzel IV. verlegte den Königshof hierhin, weil er sich am Hradschin allein gelassen fühlte. Ende des 19. Jh. fand die patriotische Bewegung diesen Platz genau passend für ein gemeinnütziges Repräsentationshaus, wie es weder Wien noch Paris vorweisen konnten. Bedeutenden Künstler beteiligten sich an der Gestaltung des Hauses, an dem von 1905 bis 1911 gebaut wurde. Die Fassade und die Innenräume zeigen in besonderer Weise den Sezessionsstil, hier eine typisch Prager Variante des Jugendstils. Gemälde, Mosaiken und Skulpturen illustrieren die böhmische Mythologie. Als Sitz der Prager Sinfoniker ist auch der Smetana-Saal berühmt. Den Salon des Bürgermeisters dekorierte Alfons Mucha, dessen Sarah-Bernhardt-Plakate Furore machten. Zwei Restaurants und das größte Art-déco-Café Prags befinden sich unter demselben Dach. Von den zwei Stockwerke hohen Decke hängen gewaltige Messingleuchten.
Staré Město, Náměstí Republiky 5; Metrolinie B bis Náměstí Republiky

Hradschin (Hradčany)
····⟩ S. 112, C 9–113, D/E 9

Die Prager Burg bildet das größte geschlossene Burgareal der Welt. Allein die Frontseite ist einen halben Kilometer lang. Für die großartige Silhouette sorgen die drei Türme der **St.-Veits-Kathedrale**, 88 bzw. 99 m hoch. Auf 7,5 ha begegnet man einer 1000-jährigen Geschichte. Der Bau ist in drei Stilepochen verankert: Romanik, Gotik und Klassizismus. Den Anfang machte Fürst Wenzel. Auf diesem »Hügel der Götter« ließ er 925 eine Rotunde als Reliquienschutz für die Hand des hl. Veit errichten. Die hölzerne Palisadensiedlung ersetzte im 11. Jh. König Břetislav I. durch eine steinerne Burg. Auf Tschechisch **hrad**, daher der Name **Hradčany**. Bereits unter Karl IV. erhielt der Burghügel mit dem Bau der **St.-Veits-Kathedrale** sein wichtigstes Markenzeichen. Den Grundstein legte 1344 der Kaiser persönlich, er wollte hier den größten Dom Europas entstehen lassen. Knapp 600 Jahre wurde daran gebaut. Spätgotische Elemente kamen vor allem unter dem Jagellonen-König Wladislaw II. (1471–1516) hinzu. Das heutige Aussehen geht auf die baulichen Aktivitäten von Kaiserin Maria Theresia zurück. Sie ließ 1753 auf der Burg gründlich aufräumen und das Erscheinungsbild dem Wiener Klassizismus angleichen. Der Frontflügel wurde nach ihrem Hofarchitekten **Pacassi-Bau** genannt. Der Umbau hat dem architektonischen Gesamteindruck der Burg eher geschadet. Die junge Republik machte 1918 den Bau mit den endlosen Gängen zur Kanzlei ihres Präsidenten Tomáš G. Masaryk. Der Hradschin blieb das Symbol der Macht. Für Václav Havel jedoch ein »verwunschenes Schloss«, so unheimlich, dass er am Anfang seiner Amtszeit die Staatsgeschäfte lieber an seinem Schreibtisch zu Hause erledigte.

Metrolinie A bis Hradčanská, Tram 22 bis Prašný most; alle drei Burghöfe sind Di–So 9–17 Uhr geöffnet; Eintritt 350 Kč

Belvedere
(Královský letohrádek) ····}} S. 55, f 1
Italienische Renaissancepracht auf der Burg. Der launische König Ferdinand I. schenkte seiner Gemahlin Königin Anna dieses Lustschloss mit Garten. Von 1538 bis 1555 baute der Architekt Paolo della Stella daran, der kaiserliche Leibarzt, Dottore Mathio, züchtete hier die ersten Tulpen nördlich der Alpen. In dem nahen Ballsaal wurde nicht getanzt, sondern schon um 1563 eine Art Squash gespielt. Die Fassade zieren wunderschöne schwarzweiße Sgraffitos, die wie fein gewebte Spitzen die Mauern bede-

Wegzeiten (in Gehminuten) zwischen wichtigen Sehenswürdigkeiten

* mit öffentlichen Verkehrmitteln, ** z. T. mit öffentlichen Verkehrsmitteln

	Altneu-synagoge	Altstädter Ring	Hauptbahnhof	Hradschin	Kampa	Neustädter Rathaus	Pulverturm	St. Kyrill/ Method	Strahov-Kloster	Wenzelsplatz/ Nationalmuseum	Zizka-Denkmal
Altneusynagoge	–	10	35	35**	25	45	15	25*	50**	30	50
Altstädter Ring	10	–	25	25**	15	35	10	15*	40**	20	45
Hauptbahnhof	35	25	–	20*	30*	25	15	15*	30*	10	20
Hradschin	35**	25**	20*	–	30	45**	25**	30*	15	30**	35**
Kampa	25	15	30*	30	–	35	20**	30	30	30**	30*
Neustädter Rathaus	45	35	25	45**	35	–	30	10	55**	15	40
Pulverturm	15	10	15	25**	20**	30	–	20*	40**	20	25
St. Kyrill/Method	25*	15*	15*	30*	30	10	20*	–	40*	15	30*
Strahov-Kloster	50**	40**	30*	15	30	55**	40**	40*	–	45**	50*
Wenzelsplatz/ Nationalmuseum	30	20	10	30**	30*	15	20	15	45**	–	20
Zizka-Denkmal	50	45	20	35*	30*	40	25	30*	50*	20	–

cken. Sie zeigen Allegorien der Wissenschaften, aber auch Grotesken. In den Sälen des Belvedere finden Wechselausstellungen statt. Der eigentliche Publikumsmagnet ist jedoch der **Singende Brunnen** im Lustgarten. Legen Sie das Ohr an den Beckenrand, und Sie hören rauschende Klänge: eine Wassersinfonie vor der imposanten Kulisse der Burg.

Tram 22 bis Chotkovy sady; tgl. außer Mo 9–18 Uhr; Eintritt 120 Kč

Burggalerie – Rudolfinische Sammlungen ⸱⸱⸱⸱⸱⸳ S. 55, c 2

(→ Museen, S. 65)

Goldenes Gässchen (Zlatá ulička) 🚻⛲ ⸱⸱⸱⸱⸱⸳ S. 55, e/f 1

Die beliebteste Attraktion der tschechischen Hauptstadt ist ein malerisches Gässchen, dessen winzige Häuschen sich unter der Burgmauer zu ducken scheinen. Im 16. Jh. dienten sie als Unterkunft für die Burgwachen. Und die nahmen allerhand Untermieter auf: Köche, Alchimisten, Goldschmiede, die für Kaiser Rudolf II. nach dem Stein der Weisen, nach Lebenselixier und Gold suchten.

Wer sich als Scharlatan entpuppte, den ereilte stets das gleiche Schicksal: In unmittelbarer Nähe, beiderseits der Gasse, stehen Kerkertürme. Im Westen der **Weiße Turm**, im Osten die **Daliborka**, von der eine anrührende Sage berichtet: Den Namen gab ihr der erste Gefangene, der Rebell und Freiherr Dalibor von Kozojed. Er spielte Geige im Turm, die Prager lauschten seinen wehmütigen Klängen und brachten Almosen.

In Nr. 22 wohnte kurze Zeit Franz Kafka (→ Spaziergänge, S. 72). Bis Anfang der fünfziger Jahre war das Goldene Gässchen noch bewohnt. Wer heute dem größten Andrang entgehen will, sollte möglichst früh am Morgen kommen. Die Zwergbauten beherbergen Souvenir- und Keramikläden sowie zwei Cafés mit Terrasse.

Tgl. 9–17 Uhr

St.-Veits-Kathedrale (Katedrála svatého Vita) ⸱⸱⸱⸱⸱⸳ S. 55, c/d 2

Wer sich gründlich umschauen will, braucht einen halben Tag. Dieses gotische Wahrzeichen Prags ist mehr als »nur« eine Kirche. Hier konzentrieren sich Macht und Religion, Kult und Kultur, Gedenkstätte und Pilgerort, Museum und Schatzkammer unter einem Dach. Die böhmischen Könige wurden in dem 124 m langen und 34 m hohen Dom gekrönt. Und hier ruhen sie auch: Karl IV., der 1344 selbst den Grundstein zur Kathedrale legte, neben ihm sein Sohn Wenzel IV. und eine Reihe von Gemahlinnen sowie der Hussiten-König Georg von Poděbrad und einige Töchter Maria Theresias.

Eine Reihe von Baumeistern gelangte zu unsterblichem Ruhm; zuerst der Franzose Matthias von Arras, ab 1352 Peter Parler, der damals neben der Karlsbrücke auch andere wichtige Gebäude in Prag erbaute. Sein »göttliches« Meisterwerk wurde allerdings erst 600 Jahre später vollendet. Nach seinen Plänen wurde noch bis 1929 gebaut.

Das mittlere **Kirchenschiff**, 60 m breit, tragen 28 schlanke Pfeiler. Die Kapellen unter den Säulenarkaden sind bedeutenden Heiligen und Kirchenfürsten geweiht. Auch Havels Ex-Kanzler, Fürst Karl von Schwarzenberg, konnte hier vor familieneigenem Altar beten (beim Ausgang vorletzte Kapelle, rechts). Die zwei älteren südlichen **Türme** werden mit ihren 88 m noch vom **Hauptturm** um 11 m überragt. Von Letzterem läutet zu besonderen Anlässen die größte Glocke Böhmens: 17 t schwer, 2 m hoch, Durchmesser 2,5 m.

Beginnen Sie eine Besichtigung in der **Königskrypta**. Nur der kunstliebende Kaiser Rudolf II. ruht in seiner alten Zinntruhe. Alle anderen Herrschaften wurden in moderne Särge umgebettet. Geheimnisvoll rauscht es unter dem **Königlichen Oratorium**, das ähnlich wie eine Baumkrone von einer einzigen Säule gestützt wird.

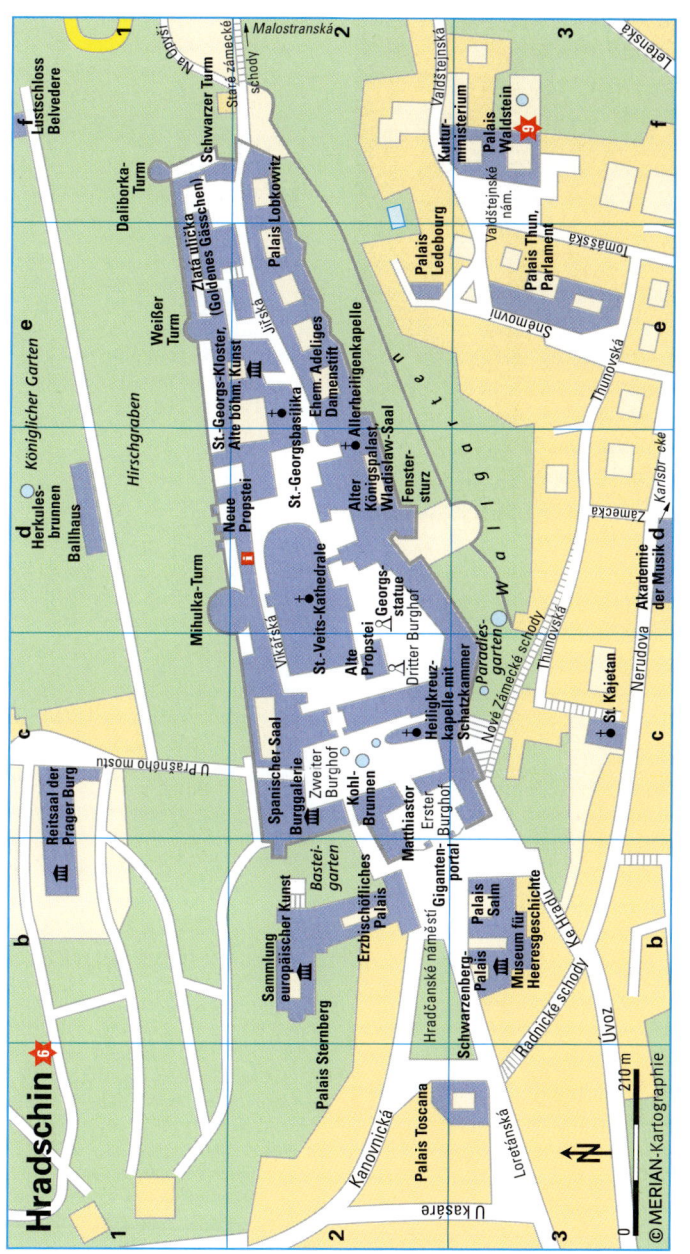

Hradschin

Lustschloss
Belvedere

Schwarzer Turm

Daliborka-
Turm

Zlatá ulička
(Goldenes Gässchen)

Palais Lobkowitz

Weißer
Turm

St.-Georgs-Kloster,
Alte böhm. Kunst

Ehem. Adeliges
Damenstift

Allerheiligenkapelle

Königlicher Garten

Herkules-
brunnen

Ballhaus

Hirschgraben

St.-Georgsbasilika

Neue
Propstei

Alter
Königspalast,
Wladislaw-Saal

Fenster-
sturz

Mihulka-Turm

St.-Veits-Kathedrale

Georgs-
statue

Alte
Propstei

Dritter Burghof

Paradies-
garten

Schatzkammer

Heiligkreuz-
kapelle mit

Zweiter
Burghof

Kohl-
Brunnen

Spanischer Saal

Burggalerie

Matthiastor

Erster
Burghof

Reitsaal der
Prager Burg

Bastei-
garten

Giganten-
portal

St. Kajetan

Erzbischöfliches
Palais

Sammlung
europäischer Kunst

Schwarzenberg-
Palais

Palais
Salm

Museum für
Heeresgeschichte

Palais Sternberg

Palais Toscana

Palais
Ledebourg

Palais Thun,
Parlament

Kultur-
ministerium

Palais
Waldstein

Akademie
der Musik

Na Opyši

Malostranská

Staré zámecké schody

Jiřská

Valdštejnská

Valdštejnské nám.

Tomášská

Leitenská

Sněmovní

Thunovská

W a l l g a s s e

Zámecká

Karlsbr´cke

Nerudova

Nové Zámecké schody

Thunovská

Ke Hradu

U Prašného mostu

Hradčanské náměstí

Kanovnická

Loretánská

Radnické schody

Úvoz

U kasáre

0   210 m

N

© MERIAN-Kartographie

Weltberühmt: die traumhaft schönen Jugendstilfenster von Alfons Mucha in der neuen erzbischöflichen Kapelle der St.-Veits-Kathedrale.

Von Wladislaw II. errichtet und direkt mit seinen Schlafgemächern verbunden, ist die Loge vor Einblicken geschützt. Ein Trick, damit das Volk unten glaubte, der König sei beim Gebet stets zugegen. Prachtvoll strahlt der Sarkophag von König Ferdinand I. und seiner Gemahlin Anna in weißem Marmor. Ein Engel breitet seine Flügel mächtig aus, schwerelos schwebt Christus in der Luft. Kostbare Medaillons zeigen Bibelszenen.

Im **Chor** führen Schwindel erregende Blicke nach oben. Die Säulenköpfe krönen 21 **königliche Büsten**. Zwei gehören den Domerbauern Matthias von Arras und Peter Parler. Letzterer bewies auch Humor. Den Blicken von unten verborgen, versteckte er auf dem südlichen Chor zwei Steinfiguren. Ein Mann und eine Frau, dargestellt als Hund und Katze, fauchen sich an.

Der **Reliquienaltar** des hl. Nepomuk ist ein unschätzbar wertvolles Kunstwerk. Bei der Exhumierung be-

stätigte sich, dass er zu Tode gefoltert wurde, bevor man ihn von der Karlsbrücke in die Moldau warf.

Heiligste Gefühle bekommen die Tschechen in der **Wenzelskapelle**. Von Peter Parler 1362 entworfen, sind die Wände mit böhmischen Edelsteinen wie Rubin und Saphir ausgelegt. Im Obergeschoss liegt die Kronkammer mit der **Wenzelskrone**, die einen Stachel aus dem Dornenkranz Christi enthalten soll. Sieben Türen sichern das Juwel. Die Schlüssel zu den sieben Schlössern sind bei sieben verschiedenen Hütern hinterlegt. Einen davon bewahrt die Polizei auf.

Eine folgenschwere Legende umgibt die Wenzelskrone. Niemand darf sie unbefugt auf seinen Kopf setzen. Der von Hitler eingesetzte stellvertretende Reichsprotektor, Reinhard Heydrich, schlug diese Warnung in den Wind. Selbstgefällig krönte er sich bei seinem Amtsantritt im Frühjahr 1942 auf dem Hradschin mit der Wenzelskrone. Einen Monat später fiel er einem Attentat zum Opfer. Der »Fluch« traf auch seine beiden Söhne: Der ältere verübte Selbstmord, der jüngere wurde bei einem Sturz vom Pferd getötet. Insoweit bestätigen diese Ereignisse die altböhmische Legende.

Strahlend glänzt das **Südportal** in der Sonne. Die **byzantinischen Glasmosaiken** an der Nordseite der Kathedrale legten Meister aus Venedig binnen eines Jahres von 1370 bis 1371 aus. 85 qm als Wunderwerk der Farben: 30 verschiedene Schattierungen von Rot und Blau auf einem Hintergrund aus purem Gold. Die letzten 40 Jahre Luftverschmutzung setzten dem Kunstwerk allerdings deutlich mehr zu als die vorausgegangenen 600 Jahre. Die Rettung erfolgt nun in mühevoller Kleinarbeit. Einige Mosaiken strahlen bereits in neuen Farben. **Eingang: dritter Burghof; tgl. von 9–17 Uhr; die Zeiten der Gottesdienste sind auch in deutscher Sprache an dem Hauptportal ausgehängt; individuelle Fremdenführer bei PIS (→ S. 99)**

Wladislaw-Saal (Vladislavský sál)

⟶ S. 55, d 2

Auch für Burg-Muffel ein Erlebnis. König Wladislaw II. beauftragte seinen Baumeister Benedikt Rieth mit der Errichtung dieser Halle. Um das Jahr 1480 entstanden, trugen hier Ritter ihre Turniere aus, veranstalteten Könige ihre Krönungsfeste oder hielt der Landtag seine Sitzungen ab.

Auf der 62 x 16 m großen Fläche, mit einem spätgotischen Gewölbe in 13 m Höhe überspannt, gab es genügend Platz auch für Jahrmärkte oder lange Tische für 2000 Gäste bei königlichen Trinkgelagen. Es war seinerzeit die größte Festhalle nördlich der Alpen.

Hradschin, dritter Burghof; tgl. außer Mo 9–17 Uhr

St.-Veits-Kathedrale

Triforiumsbüsten
Chor
Triforiumsbüsten
Südturm

Gotische Kathedrale (14. Jh.)

Ausbauten des 19. und 20. Jh.

1 Haupteingang (Westportal)
2 St.-Ludmilla-Kapelle (Taufkapelle)
3 Heilig-Grab-Kapelle
4 Thunsche Kapelle
5 Kapitelbibliothek
6 Házmburkkapelle (Erdgeschoss),
Aufstieg zum Turmumgang
7 St.-Wenzels-Kapelle, Kronkammer
8 Königsmausoleum
9 Kanzel
10 St.-Andreas-Kapelle (Martinitzkapelle)
11 Heilig-Kreuz-Kapelle, Eingang
zur Krypta (Königsgruft)
12 Königliches Oratorium
13 Hauptaltar
14 Maria-Magdalena-Kapelle
(Waldsteinkapelle)
15 Kapelle des hl. Johannes v. Nepomuk
16 Hochgrab des hl. Joh. v. Nepomuk
17 Reliquienkapelle (Sächs. Kapelle)
18 Marienkapelle

19 St.-Veits-Altar
20 Kapelle Johannes' des Täufers
21 Erzbischöfliche Kapelle
(Pernštejnkapelle)
22 St.-Anna-Kapelle
23 Alte Sakristei,
ehem. St.-Michaels-Kapelle
24 St.-Sigismund-Kapelle
25 Chorkapelle, Orgelempore
26 Neue Sakristei
27 Neue Erzbischöfliche Kapelle
28 Schwarzenbergkapelle
29 Bartoň-Dobenische Kapelle
30 Kryptaausgang
31 Goldene Pforte (Südportal)
32 Barockepitaph des Grafen L. Šlik
33 2 barocke Holzreliefs
34 Bronzeplastik des Kardinals
Fr. Josef Schwarzenberg
35 Holzrelief >>Flucht König Friedrichs
von der Pfalz<<

© MERIAN-Kartographie

Jesulein von Prag   ···⟩ S. 113, D 10
Seit 300 Jahren richtet die Bevölkerung ihre frommen Wünsche an diese 45 cm hohe Wachsfigur. Kopien davon finden sich noch in Südamerika und auf den Philippinen. Geschenke vom Brillantring bis zur Smaragdnadel bekommt das »gnadenreiche Kind« zuhauf, die Nonnen kleiden es abwechselnd in 39 verschiedene Gewänder. Nach Prag gelangte diese Altarpuppe zusammen mit der Brautausstattung der spanischen Prinzessin Marie Manriques de Lara während des 16. Jh.

An die Karmeliter vermacht, begann sofort die Wundertätigkeit. Das Kloster erhielt finanzielle Zuwendungen von Kaiser Ferdinand I., das Jesulein rettete Prag und hielt angeblich 1648 die Schweden von der Brandschatzung ab. Selbst die weltoffene und weniger religiöse Kaiserin Maria Theresia war beeindruckt und bestickte für das Jesulein ein Kleidchen mit Goldfaden. Inzwischen steckt es in einer silbernen Schutzhülle. Von Bittstellern geküsst, ist die Figur bis zur Hüfte bereits abgebröckelt. Zu besuchen in der ältesten Barockkirche Prags, **Maria de Victoria** (Kostel Panny Marie Vítězne), wo die Figur seit 1613 am gleichen Platz steht.
Malá Strana, Karmelitská; Metrolinie A bis Malostranská; Tram 5, 9, 22 bis Malaharká

Karlsbrücke   ···⟩ S. 113, F 10
(→ Spaziergänge, S. 76)

Klementinum   ····⟩ S. 114, A 14
Dieser nach dem Hradschin zweitgrößte geschlossene Gebäudekomplex in der tschechischen Hauptstadt war einst eine Bastion der Jesuiten. Der berüchtigte Pater Konias verbrannte im Innenhof an die 30 000 utraquistische Bücher. In den Jahren 1653 bis 1723 errichtet, musste dafür ein ganzer Stadtteil weichen. Es entstanden ein **Kloster**, die **Kirchen des St. Clemens** und **St. Salvator** und als ein Juwel des Hochbarocks die **Welsche Kapelle**. Der aus Rosenheim stammende, in Rom studierte Architekt Kilian Ignaz Dientzenhofer war federführend beteiligt, seinem böhmischen Kollegen František Kaňka gelang die atemberaubende Ausstattung der **Spiegelkapelle**. Den Kirchturm benützten die Jesuiten zugleich als Sternwarte.

Nach Auflösung des Ordens wurde das Kloster in eine Bibliothek umgewandelt. In den Sälen, die zum Schönsten gehören, was Prag an Innenräumen zu bieten hat, stehen etwa 3 Mio. Bücher, 6000 mittelalterliche Schriften und 3000 Erstdrucke.
Staré Město, Křížovnická, Eingang von Marianské náměstí; Metrolinie A bis Staroměstská; Sonderführungen nur nach Anmeldung, Konzerte und Ausstellungen sind auf Plakaten angekündigt

Kreuzherrenplatz (Křížovnické náměstí) ···⟩ S. 113, F 10
Von Peter Parler, dem Baumeister Kaiser Karls IV., stammt der 45 m hohe **Altstädter Brückenturm**, durch dessen Torbogen man die **Karlsbrücke** betritt. Mit herrlichen barocken Formen prunkt die **Franziskuskirche** (Kostel svatého Františka Serafinksého). Die Danksäule an der Ecke stellten einst Winzer auf, die Statue von Karl IV. stiftete 1848 die Karls-Universität. In der **St.-Salvator-Kirche** (Kostel svatého Salvátora) finden häufig Konzerte statt.
Metrolinie A bis Staroměstská, Tram 17

Loreto-Heiligtum (Loreta)
   ····⟩ S. 112, B 9
Die Wallfahrtsstätte geht zurück auf eine Kapelle im italienischen Loreto. Die ursprüngliche **Casa Santa** wurde nach einer Legende von Engeln aus dem Hain der Götter nach **Loreto** gebracht. Die Nachbildung für Prag gab 1626 die katholische Fürstin Katharina von Lobkovicz in Auftrag. Giovanni Batista Orsio kopierte mit allen Details. In der **Heiligen Hütte** ist die

MERIAN-Tipp

8 **Nový svět, Neue Welt**

In dem einstigen Armenviertel, das um 1590 außerhalb der Burgmauern entstand, leben heute Künstler. Eine malerische Ecke, wohin sich früher nur Prager und Kenner verirrten. Lauschen Sie hier den Glocken von Loreto (→ S. 58). Es gibt eine Weinstube **U zlaté hrusky** (Zur goldenen Birne) mit schmucker Einrichtung. Unweit wohnte weiland Hofastronom Johannes Kepler. Der Geheimtipp: **Pension U raka** (Zum Krebs → MERIAN-Tipp, S. 15). Nach 400 Jahre alten Plänen renoviert. Kaffee und Kuchen am Nachmittag (bitte läuten!).

Černinská 10; Tel. 2 20 51 47 92, Fax 2 20 51 05 11; Metrolinie A bis Hradčanská, Tram 22 bis Pohořelec ····⟩ S. 112, B 9

Geburt Christi zu sehen. In der Schatzkammer lagern 300 Exponate, wertvolle Gewänder, Schmuck und Gefäße. 6220 Diamanten funkeln von einer Monstranz. Das bis 1722 in der heutigen Form vollendete **Kapuzinerkloster mit Kirche** entstammt den Plänen von Kilian Ignaz Dientzenhofer.

Seit 1694 erklingt zu jeder vollen Stunde ein Marienlied. Folgende anrührende Legende rankt sich um diesen Brauch: Eine Witwe aus dem nahe gelegenen Armenviertel **Nový svět** (→ MERIAN-TIPP, S. 59) adoptierte 27 Kinder. Dann brach die Pest aus und raffte alle ihre Kinder hinweg. Jedes Mal, wenn eines der Kinder starb, ließ die fromme Witwe für eine Silbermünze die Sterbeglocken läuten. Als auch sie verstarb, war kein Geld mehr übrig. Da ließ die heilige Madonna von Loreto die Engel singen. Man hört es bis heute, denn so schön wie Engelsgesang erklingt das Glockenspiel.

Hradčany, Loretánské náměstí; Metrolinie A bis Hradčanská, Tram 22 bis Pohořelec; tgl. außer Mo 9–12 und 13–17 Uhr

Metronom ····⟩ S. 110, A 8

Ein 18 m langer roter Zeiger kratzt am Himmel und soll an die Vergänglichkeit der Dinge erinnern – ding, dong – im 20-Sekunden-Takt. 1956 wurde hier am **Letná Hügel** im Norden der Altstadt das größte **Stalin-Denkmal** aller Zeiten enthüllt, 1962 sprengte man die Gruppenstatue, die wuchtig wie ein sechsstöckiger Wohnblock in den Himmel ragte. Stalins Kopf kugelte in den Atombunker unter dem 15 m hohen unzerstörbaren Steinsockel.

Von oben bietet sich ein fabelhafter Blick über die **Svatopluk-Čech-Brücke**, 169 m Jugendstil und 1908 dem Verkehr übergeben. Am Brückenkopf rechts die juristische Fakultät, links das erste West-Hotel in Prag: Intercontinental. Der Prachtboulevard Pařižská öffnet sich zum Altstädter Ring. Unterhalb des Metronoms liegt Prags ältestes Flussschwimmbad, jetzt zum schicken Restaurant **River Club** mit Vinothek umgebaut.

Metrolinie A bis Malostranská, Tram 22 bis Chotkové sady

Nationaltheater (Národní divadlo) ····⟩ S. 113, F 11

Kein anderer Musentempel in Prag hat eine so schöne Lage: Wie eine Primadonna spiegelt sich das Nationaltheater in der Moldau. Unmittelbar am Ufer, bei der exponierten **Legienbrücke** (most Legii), entstand der Bau ab 1868 durch eine Bürgerinitiative. »Národ sobě« – »Das Volk sich selbst« – lautete die Spendenaktion, die gleich zweimal durchgeführt wurde. Denn 1881 feierlich eröffnet, brannte das »Goldene Kapellchen«, wie das Theater im Volksmund genannt wurde, bereits zwei Monate später aus. Ironie des Schicksals: Trotz der Lage dicht am Moldauufer gab es kein Löschwasser. Die Feuerwehr war bei einem Begräbnis, die Hydranten gerade in der Reparatur. Zur zweiten Premiere 1883 erklang Smetanas pathetische Oper »Libuše«.

Das Pariser Vorbild en miniature – der »Klein-Eiffelturm« auf dem Petřín, 1891 zur Landesausstellung errichtet.

Welch nationalbewusstes Volk die Tschechen sind, beweist die Innenausstattung. Architekt Josef Zítek ließ eine Garde von Künstlern patriotische Motive malen und modellieren. Von Mikoláš Aleš stammt der 14-teilige Zyklus »Mein Vaterland«. Die Kunstgötter Apoll und Dionysos stehen der siegreichen Muse Čechie bei. Auf dem 8,5 t schweren eisernen Hauptvorhang sieht man den Bau des Nationaltheaters zur heroischen Tat verklärt, damit niemand die opferreiche Entstehungsgeschichte des Hauses vergesse.
Zentrum, Národní 2; Metrolinie B bis Národní třída, Tram 9, 18, 21, 22 bis Národní třída

Petřín ⋯⋯⟩ S. 112, C 11

Mit einem Fernglas können Sie von hier aus in die Kanzlei des Präsidenten schauen. Der **Hradschin** liegt Ihnen zu Füßen, wenn Sie die 299 Stiegen des Turmes auf dem Hügel Petřín erklommen haben. Der 60 m hohe »Klein-Eiffelturm« wurde nach

seinem Pariser Vorbild zur Landesausstellung 1891 errichtet. Von oben sehen Sie auch die pseudobyzantinischen Dächer der **St.-Laurenzi-Kirche** (Kostel svatého Vavřince), einem Wallfahrtsort mit Rosengarten.
Bergstation der Seil-Zahnradbahn, Umsteigeplatz Újezd, Tram 5, 9, 22 bis Újezd; Aussichtsturm: Mai–Aug. 10–22, Sept.–März 10–16 Uhr; Eintritt 50 Kč; Sternwarte: tgl. 9–19 und 21–23 Uhr

Pulverturm (Prašná brána)
⋯⋯⟩ S. 114, C 14

Hätten die Preußen 1757 besser gezielt, wäre kein Stein auf dem anderen geblieben, denn hier lagerte das Schießpulver. Von der Bürgerschaft 1475 durch erhöhte Weinsteuer finanziert, sicherte der 43 m hohe Wehrturm den Altstädter Königshof Wenzels IV. Die neugotische Restaurierung wurde im 19. Jh. durchgeführt und die Verzierung dem Altstädter Turm an der Karlsbrücke angepasst. Besichtigung mit Panoramablick.
Metrolinie B bis Náměstí Republiky; tgl. April–Okt. 10–17 Uhr; Eintritt 40 Kč

St. Kyrill und Method (Kostel svatého Cyrila a Metoděje) ⋯⋯⟩ S. 114, A 16

Barock vom Reißbrett des in Prag viel beschäftigten Kilian Ignaz Dientzenhofer, nach 1730 in nur sechs Jahren erbaut. Eine unheilvolle Vergangenheit lastet allerdings auf diesem Kirchendenkmal. Es war das Versteck der sieben tschechischen Fallschirmjäger nach dem tödlichen Attentat auf den stellvertretenden Reichsprotektor Reinhard Heydrich im Mai 1942. In einer brutalen Vergeltungsaktion wurden über 2300 Tschechen hingerichtet, das Dorf Lidice völlig ausgelöscht und dem Erdboden gleichgemacht. Die Attentäter selbst, die die tschechische Exilregierung aus London geschickt hatte, wurden in der Krypta aufgespürt und standrechtlich erschossen (Besichtigung der Dokumente und Fotos nach Anmeldung: Resslova 9; Tel./Fax 29 55 95).

Unweit dieser Kirche wohnte in einem Eckhaus mit rotem Dach der tschechische Präsident Václav Havel (Rašínovo nábřeží 78) bei der Jirásek-Brücke. Die Treppe neben seinem Haus führt zu seinem Lieblingslokal »Na Rybárně«. Fischspezialitäten: Renke, Zander, Hecht, »Karpfen blau«.
Nové Město, Gorazdova 17; Metrolinie B bis Karlovo náměstí, Tram 22

St.-Niklas-Dom (Chram svatého Mikuláše) ···⟩ S. 113, D 9

Bei seinem Anblick sollte selbst der Hradschin oben verblassen: Die Kuppel à la Petersdom in Rom, 75 m hoch, beherrscht die Kleinseite. All diese Pracht sollte die Macht der Kirche demonstrieren – so wollten es die Jesuiten von den Dientzenhofers, der Architektenfamilie mit Vater und Sohn, die 1703–1756 daran bauten.

Auf dem imposanten, 1500 qm großen **Deckenfresko** hat sich auch der Maler Johann Lukas Kracker in lässiger Pose verewigt. Die romantische Landschaft mit Hafen und Leuchtturm illustriert die Herkunft des hl. Niklas, Schutzpatron der See- und Kaufleute. Riesige Barockstatuen scheinen bedrohlich über dem Betrachter zu schweben: Unter die Kuppel würde sogar der »Klein-Eiffelturm« von **Petřín** passen. Der Glockenturm ist für Besucher zugänglich und bietet einen ungewöhnlichen Blick hinüber zum Hradschin.
Malá Strana, Malostranské náměstí; Metrolinie A bis Malostranská, Tram 22 bis Malostranská; tgl. 9–17 Uhr; Glockenturm: 50 Kč

St. Thomas (Kostel svatého Tomáše) ···⟩ S. 113, E 9

Den Grundstein legte bereits 1285 König Wenzel II., Kilian Ignaz Dientzenhofer barockisierte in den Jahren 1721 bis 1731 die Fassade. Ferdinand Maximilian Brokoff, der Bildhauer der Karlsbrücke, meißelte anmutige Heiligenfiguren für den Innenraum. An die »schöne Dichterin«, die Englände-

Der barocke St.-Niklas-Dom beeindruckt durch seine Pracht und Größe.

rin Elisabeth Joanna Westonia, erinnert eine schmucke Grabplatte. Und das dunkle Bier, das die Augustiner seit über 600 Jahren nach ein und demselben Rezept brauen, können Sie im Keller und Biergarten der Klostergaststätte »U svatého Tomáše« probieren.
Malá Strana, Letenská ulice; Metrolinie A bis Malostranská, Tram 22 bis Malostranská

Strahov-Kloster (Strahovský klášter) ···⟩ S. 112, B 10

Prags biblischer Berg Zion. In den 800 Jahren, die das Kloster in der Hand des Prämonstrantenordens lag, wurde es unzählige Male beschossen, beschädigt und wieder erneuert. Seit dem 17. Jh. entstand hier eine **Bibliothek**, die als nationale Gedenkstätte zugänglich ist. Den eigentlichen Schatz bilden die 130 000 Bände im theologischen und philosophischen Saal. Bibeln in allen Sprachen gehören dazu, verbotene Schriften versteckte man in Schränken über den Türen. Grandiose Fresken an den halbrunden Decken schaffen eine ganz besondere Atmosphäre. Als Kuriosität ausgelegt: das älteste Gästebuch Prags. Lord Nelson und Lady Hamilton lassen grüßen. In der prächtigen Klosterkirche **Mariä Himmelfahrt** (Kostel Nanebevzetíe Panny Marie) wird Barockmusik aufgeführt. Ein Vorhof namens Hölle führt in den Paradiesgarten.

Tram 22 bis Pohořelec; tgl. außer Mo 9–17 Uhr

Teynkirche (Týnský chrám)

····⋟ S. 114, B 13

Während die **St.-Veits-Kathedrale** auf Staatskosten entstand, wurde die Teynkirche von den Bürgern selbst finanziert. Als Zentrum der Utraquisten, die das Abendmahl mit Brot und Wein einnahmen, trug die Kirche den hussitischen Kelch statt des Kreuzes. Aus dem Gold der Hussitenkelches schmolzen die Jesuiten im 17. Jh. einen Strahlenkranz für die Statue der hl. Jungfrau Maria, Symbol der Rekatholisierung. Nachdem 1365 der Grundstein gelegt und 1385 der Rohbau fertig war, kam in jedem Jahrhundert ein Dach, ein Turm, ein Giebel hinzu, bis die Kirche 1819 fast vollständig niederbrannte. Das heutige Aussehen erhielt sie beim Wiederaufbau von 1835. Die 80 m hohen Erkertürme waren mit Wachposten besetzt. Sobald sich feindliche Truppen Prag näherten, läuteten die **Teyn-Glocken** Alarm.

Im düsteren Innenraum sollten Sie rechts vor dem Altar an der Grabplatte von Tycho Brahe († 1601) vorbeigehen. Wer die Nase des dänischen Astronomen von Kaiser Rudolf II. berührt, wird Glück haben – heißt es.

Staré Město, Staroměstské náměstí, Eingang unter den gotischen Arkaden durch die Pfarrschule, Nr. 14; Metrolinie A bis Staroměstská; tgl. 9–17, So auch 20–22 Uhr

Der Waldsteingarten mit Statuen des Holländers Adriaen de Vries.

Ungelt/Teynhof (Týnský dvůr)

····⋟ S. 114, B 13

Der kaiserliche Zollhof des Mittelalters ist heute ein reizvoller Komplex aus engen Gassen und Innenhöfen, durch eine der größten Renovierungsaktionen Prags vor dem Zerfall gerettet. Der Name »Ungelt« bedeutet Zoll, den einst bis aus dem Orient kommende Kaufleute hier entrichten mussten. In dieser Atmosphäre bunten Lebens entstanden zahllose Legenden vom »Kopflosen Templer« bis zum »Türken von Ungelt«, der als leuchtendes Skelett durch die Nächte gegeistert sein soll.

Metrolinie A bis Staroměstská

Vyšehrad

····⋟ S. 118, A/B 23

Hier nahm die Geschichte Prags ihren Anfang! Und schon wieder sind Sagen und historische Begebenheiten kaum voneinander zu trennen. Die Festung der Přemyslíden aus dem 9. Jh. wurde von den Romantikern des 19. Jh. in Literatur und Musik verklärt. Man findet heute eine gepflegte Parkanlage, in die sich Wehrmauern und Burgruinen stimmungsvoll integrieren. Eine idealer Ort auch für den Ehrenfriedhof **Slavín**, wo die Großen der Nation ruhen. Verehrer pilgern zu den Gräbern der Komponisten Dvořák und Smetana, des böhmischen Paganini Jan Kubelik und der »göttlichen« Sopranistin Emma Destinová, der Callas von Prag. **Metrolinie C bis Vyšehrad, Tram 17 bis Výtoň; März–Okt. tgl. 8–19, Nov.–Feb. 9–16 Uhr**

Waldstein Palais (Valdštejnský palác)   ···⫸ S. 113, E 9

Die Prager Burg ist zwar insgesamt mächtiger, aber bei weitem nicht so pompös wie das Waldstein Palais. Der Feldherr Albrecht von Wallenstein legte das nach Hradschin und Klementinum drittgrößte Areal in Prag an. Auf 3,2 ha wurden nach der Grundsteinlegung 1623 in nur sieben Jahren erbaut und angelegt: ein **Palast** mit zwei Flügeln, die **Reitschule** mit Stallungen und ein großartiger **Garten** nach italienischem Muster.

Die **Sala terrena**, eine überdimensionale Loggia, verfügt über schöne Fresken im Gewölbe, die den Göttern des antiken Griechenlands gewidmet sind. Ein breiter Parkweg führt zu ihr hin, gesäumt von Bronzestatuen des Holländers Adriaen de Vries. Der **Neptunbrunnen** und die **Laokoon-Gruppe** zählen zu seinen besten Werken. Das renovierte Palais dient gegenwärtig dem neu gegründeten tschechischen Senat. Die Besichtigung der Prunkräume ist aus diesem Grund nur samstags und sonntags von 10–18 Uhr möglich. **Malá Strana, Eingang zu den Gärten von der Straße Letenská; Metrolinie A bis Malostranská, Tram 22 bis Malostranská; 1. Mai–30. Sept.; Eintritt frei**

Žižka-Denkmal   ···⫸ S. 115, östl. F 13

Das größte Monument der Stadt – mit 9 m Höhe ohne Sockel. Hoch zu Ross schaut der Hussiten-Führer mit Augenklappe, Jan Žižka z Trocnova, von der Trutzburg herunter.

Das angrenzende Arbeiterviertel mit Häusern aus der Gründerzeit trägt Žižkas Namen. Renovierte Hotels reihen sich an Restaurants und Nightclubs. In den Bierlokalen hockt im dichten Zigarettenqualm und trinkfest die wohl härteste Gattung eines Pragers: der Žižkovák (sprich Zschizschkovák). **Metrolinie B und C bis Florenc, Bus 68 oder Tram 3 bis U památniku**

Der Hussiten-Führer Jan Žižka als Monumentaldenkmal – übrigens das größte Standbild der Stadt.

Museen und Galerien

Unzählige Museen warten mit acht Millionen Büchern und Kunst von Weltruf auf Ihren Besuch.

Der Pariser Louvre diente als Vorbild: Nationalmuseum mit Reiterstatue des hl. Wenzel.

Der Ruf Prags als Kunstkammer Europas geht auf Rudolf II. zurück. Dieser Herrscher, launisch und der Melancholie verfallen, war von Astrologie, Alchimie und Magie fasziniert. Der vielseitig interessierte Kaiser ruinierte im 16. Jh. die Staatskasse, um alles, was ihm gefiel, und jeden Künstler von Rang und Namen an seinen Hof zu holen. Vieles, was damals entstand oder herbeigeschafft wurde, bildet den Grundstock der Prager Museen und Galerien. Weniger bekannt, aber nicht minder bedeutend sind die Maler der Moderne. Ihre Werke sind in den Sammlungen der Nationalgalerie genauso wie in den kleinen Galerien in der Altstadt zu entdecken.

Mozart feierte bekanntlich in Prag seine größten Triumphe. Seine Unterkunft in der **Villa Bertramka** ist heute mehr als nur ein Museum. Trotz der vielen Besucher ist sie ein besonders malerischer Ort geblieben. Ein Klein-Louvre gibt es auch, das **Sternberg Palais**. Schier unermesslich müssen die Schätze gewesen sein. Denn trotz Plünderungen nach dem Dreißigjährigen Krieg und Versteigerung durch die Habsburger beim »Ausverkauf« Prags in Wien blieben noch genügend ausgezeichnete Objekte für die Nationalgalerie übrig.

Von beeindruckender Kunstfertigkeit ist auch die Steinmetzkunst böhmischer Gotik. Die Bildhauer haben es geradezu meisterhaft verstanden, dem Gestein Leben einzuhauchen.

Eine einzigartige Sammlung von Büchern und Schriften ist im **Kloster Strahov** untergebracht. Neben den 130 000 historischen Bänden befinden sich noch weitere 900 000 Bücher im Literaturarchiv, unter anderem ungefähr 1800 Nachlässe von Schriftstellern. Hier finden auch Ausstellungen, Dichterlesungen und viele weitere wechselnde Veranstaltungen statt. Beachten Sie: Montags haben die meisten Museen und Galerien geschlossen. Der Eintritt kostet

etwa 100 Kronen, wobei es diverse Tages- und Kombikarten gibt, über die man sich an der Kasse informieren sollte. Die privaten Museen (z. B. Mucha) sind teurer: ab 120 Kronen.

MUSEEN

Burggalerie
····⟩ S. 55, C 2
Die einst reiche Rudolfinische Sammlung ist im Laufe der Geschichte durch Kriege und Machtwechsel stark zusammengeschmolzen. In den siebziger Jahren des 20. Jh. entdeckte man zufällig bei der Burgrenovierung in geheimen Katakomben Gemälde von Rubens, Tizian, Veronese und Tintoretto. 70 Objekte wurden restauriert.
Hradschin, zweiter Burghof; Metrolinie A bis Hradčanská; tgl. außer Mo 10–18 Uhr; Eintritt 150 Kč bzw. Burgkarte zu 350 Kč

Bílkova vila
····⟩ S. 109, E 4
František Bílek ist der Franz Kafka der Bildhauerei. Düstere Symbolik voller Angst und Schrecken in Stein gemeißelt, Schmerz in Holz gebannt. Beklemmend, fesselnd, mahnend.
Chotkovy sady 1; Tram 18, 22 bis Chotkovy sady; tgl. außer Mo 10–18 Uhr; Eintritt 150 Kč

Dvořák-Museum (Muzeum Antonína Dvořáka)
····⟩ S. 118, C 21
Der Barockpalast des Grafen Michna wurde zu Ehren von Antonín Dvořák als Museum eingerichtet und heißt jetzt **Villa Amerika** – weil Dvořák die Sinfonie »Aus der Neuen Welt« komponierte und als erster böhmischer Kapellmeister auch in New York dirigierte. Fotos, Dokumente, Manuskripte, Platten und CDs gibt es zu kaufen. Im Garten finden Konzerte statt.
Nové Město, Ke Karlovu 20; Metrolinie C bis I.P. Pavlova; tgl. außer Mo 10–17 Uhr; Eintritt 50 Kč

Kunstgewerbliches Museum (Umělecko-průmyslové muzeum)
····⟩ S. 114, A 13
Glas, Porzellan und Keramik von der Antike bis zur Gegenwart sind hier zu

sehen. Insgesamt 16 000 Exponate umfasst die Ausstellung, die größte Glassammlung der Welt. Eigenartig sind die Möbel im Stil des Kubismus. In Prag entwickelte sich dieser Stil zwischen 1910 und 1925.

Staré Město, Palachovo náměstí 2; Metrolinie A bis Staroměstská; tgl. außer Mo 9–17 Uhr; Eintritt 150 Kč

Mozartmuseum (Villa Bertramka, Mozartovo muzeum) ····⟩ S. 116, C 17

In der Villa Bertramka wohnte Mozart bei der Familie Dušek und schrieb hier (offenbar verliebt) für die Operndiva Josefine Dušek die unvergessliche Arie »Io ti lascio, cara, addio« – »Ich verlasse dich, Teure, adieu«. Die Dauerausstellung »Mozart und Prag« zeigt für besonders glühende Verehrer 13 Haare Mozarts. Sommerliche Serenaden im Garten, die Musiker treten dabei in Kostüm und Perücke auf.

Smíchov, Mozartova 15; Metrolinie B bis Anděl; Tram 4, 6, 7, 9, 12, 16 bis Anděl; tgl. 10–18 Uhr; Eintritt 50 Kč, Studenten 30 Kč; Kartenreservierung für Konzerte: Tel. 2 57 31 84 61; Eintritt 80 Kč

Mucha Museum ····⟩ S. 114, C 14

Prags jüngstes Museum für den Jugendstil-Fürsten Alfons Mucha (1860–1939) war unter dem Sozialismus verpönt. Seine Plakate für Sarah Bernhardt, dekorative Malerei im Repre-Haus prägen Prags Art-déco-Periode.

Kaunicky Palác, Panská 7; Metrolinie A, B bis Můstek; tgl. 10–18 Uhr; Eintritt 120 Kč

Museum der Stadt Prag (Muzeum hlavního města Prahy)
····⟩ S. 115, östl. F 13

Die Geschichte der Stadt wird hier detailliert illustriert: Ein Pappmodell aus der ersten Hälfte des 19. Jh. zeigt auf 20 qm, wie das Stadtzentrum bis zur großen Sanierung nach 1850 ausgesehen hat. Bis auf Portal, Sims, Fenster und Straßenpflaster detailgenau.

Karlín, Sady J. Švermy; Metrolinie B und C bis Florenc; tgl. außer Mo 10–12, 13–18 Uhr; Eintritt 80 Kč

Museum für Heeresgeschichte (Vojenské muzeum) ····⟩ S. 55, b 3

Die Fassade des **Schwarzenberg-Palais**, in dem das Museum untergebracht ist, scheint durch die schwarzweißen Sgraffitos wie mit Diamanten übersät. Schweres Geschütz im Innenhof, auf zwei Etagen sind Waffen und Militaria, vom Mittelalter bis zum Ende des Ersten Weltkriegs, ausgestellt.

Hradčany, Hradčanské náměstí 2; Metrolinie A bis Hradčanská; tgl. außer Mo 9–17 Uhr; Eintritt 40 Kč

Nationalgalerie (Národní galerie)

Die Nationalgalerie ist über mehrere Orte verstreut, größtenteils aber auf der Burg Hradschin und in umliegenden Palästen. Auch alte Klöster dienen als Galerieräume. Die Eintrittskarte für die Sammlungen zur alten böhmischen Kunst, zur tschechischen Landschaftsmalerei und zur Nationalgalerie für moderne Kunst kostet 250 Kč.

Alte böhmische Kunst ····⟩ S. 55, d/e 2

Die Glanzzeit der böhmischen Malerei erstreckte sich von der Gotik bis zur Renaissance. Unschätzbar wertvolle Madonnen und Altarbilder sind in diesem ersten Frauenkloster Böhmens zu bewundern. Meisternamen, die man sich merken sollte: Škréta, Brandl, Kupecký. Als Juwel gilt die Schnitzerei **Christi Beweinung** aus einer Bildhauerwerkstatt des 16. Jh. im Dritten Burghof auf dem Hradschin, St.-Georgs-Kloster.

Náměstí Sv. Jiří (hl. Georg); Metrolinie A bis Hradčanská; tgl. außer Mo 10–18 Uhr

Böhmische Malerei des 19. Jh.
····⟩ S. 110, B 8

Gemälde und Skulpturen sind in dem ehemaligen **Agnes-Kloster** (→ S. 49) untergebracht. Die überschwänglich hochstilisierte tschechische Geschichte ist Thema vieler Arbeiten der vom nationalen Geist beeinflussten Maler des 19. Jh. Aber auch die Schönheit der böhmischen Landschaft kommt nicht zu kurz.

MERIAN-Tipp

 9 Muzeum Miniatur

Die Heuschrecke als Geigenvirtuose mit Glassaiten auf der Violine. Oder mit Hufen beschlagene Flöhe, ein Beethovenportrait im quer geschnittenen Mohnkorn (innen weiß), und die Karawane zieht durchs Nadelöhr in einem Haar. Unglaubliche Arbeiten des Mikro-Schmiedes und Malers Anatolij Konĕnko aus Sibirien. Mehr als 20 Jahre Kunsttüfteln nur unter einer Lupe oder im Mikroskop zu bewundern. Weltkuriosität.

Burgviertel, Kloster Strahov, Innenhof (Hausnummer 10); Tel. 2 33 35 23 71; Di–So 10–17 Uhr; Tram 22 bis Pohořelec; Eintritt 50 Kč, Kinder 30 Kč
····⟩ S. 112, B 10

Staré Město, U milosrdných 17; Metrolinie B bis Náměstí Republiky; Tram 5, 14, 26 bis Dlouhá třída; tgl. außer Mo 10–18 Uhr; Eintritt 100 Kč

Tschechische Landschaftsmalerei
····⟩ S. 114, B 13
Das **Kinský Palais** (Palác Kinkých), einer der schönsten Stadtpaläste mit Rokokofassade, gehört ganz der Landschaftsidylle vom Barock bis zum Ende des 19. Jh. Versäumen Sie nicht, aus den Fenstern zu sehen. Das bunte Treiben rund um das **Hus-Denkmal** lässt sich hier gut beobachten. Belebte Straßencafés sind in der Nähe zum Sehen und Gesehen werden.
Staré Město, Staroměstské náměstí 12; Metrolinie A bis Staroměstská; tgl. außer Mo 10–18 Uhr

Moderne tschechische Kunst – Galerie Rudolfinum   ····⟩ S. 113, F 9
Mit Prags Öffnung für den Fremdenverkehr hat man das ehemalige Parlamentsgebäude der Ersten Republik der Nationalgalerie übergeben. Wechselnde Ausstellungen, die thematisch der modernen tschechischen Malerei gewidmet sind. Auch Retrospektiven zu Ereignissen wie Stalinismus in der Kunst etc.
Alšovo nábřeží (Moldau-Ufer) 12; Metrolinie A bis Staroměstská; tgl. außer Mo 10–18 Uhr; Eintritt 120 Kč

Sammlung europäischer Kunst
····⟩ S. 55, b 2
Die umfassendste Sammlung des Landes, mit Malerei vom 16. bis zum 20. Jh., finden Sie im **Sternberg-Palais** (Sternberský Palác). Tintoretto, Goya, Rembrandt, El Greco, Rubens, Canaletto – fast alle Großen sind hier vertreten. Als wertvollste Exponate gelten Dürers »Rosenkranzfest«, Werke von Lucas Cranach und die »Heuernte« von Pieter Breughel d. Ä. Angesichts solcher Auswahl verblasst der Glanz der Wandmalereien aus dem 17. Jh. im Inneren des Palais. Auch äußerlich wird das Sternberg-Palais am Hradschinplatz von einem noch eindrucksvolleren Bau, dem Erzbischöflichen Palais, in den Schatten gestellt.
Hradčany, Hradčanské náměstí 15; Metrolinie A bis Malostranská; tgl. außer Mo 10–18 Uhr; Eintritt 150 Kč

Nationalgalerie für moderne Kunst (Veletržní palác)   ····⟩ S. 111, D 6
Die neue Messehalle in Prag gehörte 1928 bei der Eröffnung zu den Aufsehen erregenden Bauten weltweit. Das Zeitalter der modernen Architektur hatte begonnen: Streamline (Stromlinie) wie in New York. Ähnlich wie im Guggenheim Museum von New York präsentiert hier die Nationalgalerie die französische Malerei des 19. und 20. Jh.: Monet, Sisley, Renoir, Toulouse-Lautrec und ein Selbstportrait von Picasso. Kuriosität: das »Rote Ei« von Kokoschka. Es ist eine politische Allegorie, die die antifaschistische Haltung des Malers widerspiegelt. Daneben findet sich die moderne Malerei von 1900 bis 1960, vermischt mit aktuellen Ausstellungen. Eine Illusion in Weiß – Gänge, Korridore, Lichthof, Säle: alles Weiß.

Die Galerie im Altstädter Rathaus zeigt interessante Wechselausstellungen.

Dukelských hrdinu 47; Tram 17 bis Veletržní palác; tgl. außer Mo 10–18 Uhr, Do bis 21 Uhr; Eintritt 250 Kč

Nationalmuseum (Národní muzeum) 👫 ⤳ S. 114, C 15

Auch wer sonst wenig Freude an Museumsbesuchen hat, sollte einen Blick in dieses imposante Bauwerk im Stil der tschechischen Neorenaissance am Wenzelsplatz werfen. Pompöse Treppenaufgänge und die Kuppel der zweistöckigen **Ruhmeshalle** beeindrucken durch ihre Dimensionen. Vom böhmischen Adel im 19. Jh. als **Patriotisches Museum** gegründet, diente der Pariser Louvre als Vorbild für die Fassade. Zum Fundus gehören die prähistorische Sammlung, Elfenbein vom Mammut, Ausgrabungen und Münzen der Přemyslíden, außerdem eine mineralogische Abteilung. Den Platz vor dem Museumskomplex beherrscht die **Reiterstatue des hl. Wenzel**, 1913 enthüllt, ein Meisterwerk von Josef Václav Myslbeck. Die Fontänen an der Rampe sind ein beliebter Treff. Nové Město, Václavské náměstí 68; Metrolinie A und C bis Muzeum; tgl.

9–17, Mai–Okt. 9–18 Uhr, jeweils am ersten Di im Monat geschl.; Eintritt 160 Kč

Zum Goldenen Ring (U zlatého prstenu) ⤳ S. 114, B 13

Ein neues Objekt der städtischen Galerie für Kunst des 20. Jh. Das verschachtelte Renaissancehaus wurde von Grund auf renoviert. Auch ein akustisches Ohr-Labyrinth. Altstadt, Tynská 6 – Ungelt; Metrolinie B bis Námestí Republiky; tgl. außer Mo 10–18 Uhr; Eintritt 80 Kč

AUSSTELLUNGEN

Mánes ⤳ S. 113, F 11

Eine Renommieradresse für Avantgarde, Kunst & Kommerz. Nové Město, Masarykovo nábřeží; Metrolinie B bis Karlovo náměstí; tgl. 10–18 Uhr; Eintritt frei

Reitsaal der Prager Burg (Jízdárna Pražského hradu) ⤳ S. 55, b/c 1

Moderne tschechische Kunst in bemerkenswert restaurierter Halle. Hradschin, U prašného mostu 1 (Pulverbrücke); Metrolinie A bis Hradčanská; Eintritt 80 Kč

Spaziergänge und Ausflüge

Wie ein blaues Band zieht sich die Moldau mitten durch das Herz der Metropole.

Laubengassen sind typisch für die Prager Altstadt und die Kleinseite. Beseelt von Kafkas Geist, erinnern sie an die Sagen von kopflosen Templern und verwunschenen Fremden.

Kafkas Prag

Charakteristik: Stadtspaziergang auf Kafkas Spuren; **Anfahrt:** Metrolinie A bis Staroměstská; **Dauer:** 4 Std. (ohne Fahrt zum Grab); **Länge:** 4,8 km; **Einkehrmöglichkeit:** Café Milena, Altstädter Ring 22, 1. Stock; www.kafkaesk.de; **Karte:** ···⋗ Umschlagkarte vorne (orange)

Mit wem lässt sich Prag am besten verkaufen, wer soll auf den Postern, Kaffeetassen und T-Shirts stehen? Franz Kafka macht das Rennen. Er ist die neue Kultfigur, auf seinen Spuren wandert man, um doch das alte Prag Karl IV. und Mozarts zu entdecken. Das Geburtshaus Kafkas, in dem dieser 1883 unweit des **Altstädter Rings** (Staroměstské náměstí) zur Welt kam, wurde durch einen Neubau ersetzt.

U radnice/Maiselova ···⋗ Pařížská

An der Ecke U radnice/Maiselova hängt zur Erinnerung eine Büste, symbolisch im Jahre 1968 angebracht. Auch Kafka gehörte damals zu den Geistern, die den »Prager Frühling« beschwörten. Unter den Arkaden des Kleinen Rings gelangt man zu einem prachtvoll mit Sgraffitos geschmückten Haus, **U minuty**. Es gehörte einem Herrn Minuta, Kafka wohnte mit Eltern und Schwestern im zweiten Stock. Aus dem Fenster lassen sich wesentliche Stationen seines Lebens überblicken. Im Bannkreis von einem halben Kilometer ist er aufgewachsen, ging zur Schule, studierte Jura und arbeitete bei einer Versicherung, bis zur Frührente. Kafka hat Prag erst zum Sterben verlassen. Er starb 1924 im Alter von 41 Jahren im Sanatorium für Tuberkulose in Kierling bei Wien.

Überqueren Sie nun den Altstädter Ring (Staroměstské náměstí) und gehen geradeaus in die Celetná zum Haus Nr. 3 »**Zu den drei Königen**«, mit gotischen Dachgiebeln aus dem 14. Jh. Der kleine Franz war gerade 13, als er hierher zog und vom Fensterblick aus seinem Zimmer entsetzt war – es ging auf den Hinterhof der Teynkirche. Die Eltern Kafkas, böhmisch-deutsch-jüdischen Ursprungs, waren tüchtig. Bald eröffneten sie ein Galanteriegeschäft im Kinski-Palais (Palác Goltz-Kinských) mit seiner überwältigenden Rokokofassade. Im Hinterhof drückte Kafka die Schulbank. Der soziale Aufstieg ermöglichte noch weitere Umzüge in immer bessere Häuser. Zuerst an den Boulevard Pařížská, Nr. 36, danach nahm man das Beste am Platze: die Ecke Pařížská und Altstädter Ring, gegenüber der St.-Niklas-Kirche. Hier hat sich heute eine kleine Dauerausstellung zu Kafka etabliert. Was für eine fantastische Lage – Dächer mit Giebeln, Türmchen, Erkern – Schlössern und Burgen ähnlich. Aber Kafka hat es überhaupt nicht gefallen. Er fühlte sich von den Turmglocken gestört und konnte nicht schreiben. Eine Odyssee durch ein Dutzend Prager Wohnungen begann. Zeitweilig suchte er Unterschlupf bei seiner Lieblingsschwester Ottla. Sie fand auch für ihn etwas ganz Besonderes: ein Häuschen wie aus Lebkuchen im Goldenen Gässchen (→ Sehenswertes, S. 54), oben auf der Burg.

Altneusynagoge ···⋗ Haus Nr. 22

Von der Pařížská gehen Sie die Treppchen bei der **Altneusynagoge** hinunter. Sie befinden sich im ehemaligen jüdischen Ghetto, gehen am **Alten Jüdischen Friedhof** vorbei zum Platz von Jan Palach, einem Studenten, der sich aus Protest gegen den Einmarsch der Russen im August 1968 verbrannte. Rechts sehen Sie das **Rudolfinum**, den Sitz der Prager Philharmoniker.

Überqueren Sie die **Mánes-Brücke** (Mánesův most), so kommen Sie nach Klárov. An dieser Stelle wurde einst der ertrunkene heilige Nepomuk aus dem Wasser gefischt. Auf den alten Schlossstiegen ist nahezu immer etwas los. Dort drängeln sich Straßenmusiker, Drehorgelspieler, Souvenirhändler in dichter Reihe.

Sie betreten die **Burg** durch das Osttor. Den Zugang zum **Goldenen Gässchen** finden Sie hinter der **St.-Georgs-Basilika**. Ein kleines Plätzchen, nochmals um zwei Ecken – und dann geht es nicht mehr weiter. Die meistbestaunte Attraktion Prags ist zugleich die winzigste. Mit der Hand erreichen Sie die Dächer und müssen sich bücken, um durch die Türen zu kommen. Im **Haus Nr. 22** schrieb Kafka seine Erzählung »Der Landarzt«. Was vielleicht verblüfft, ist, dass er in seinem erzählerischen Werk keinen direkten Bezug zu Prag nahm, keine Orte nannte, obwohl er ausgedehnte Spaziergänge unternahm.

Goldenes Gässchen ···⟫ Hungermauer
Sie können es Kafka nachmachen. Vom **Goldenen Gässchen** über die drei Burghöfe. Am **Hradschin-Platz** (Hradčanské náměstí) liegt rechts das **Erzbischöfliche Palais**. Die Residenz mit Sgraffitos, die wie ein Diamantenbesatz wirken, gehörte den Schwarzenbergs. Heute ist hier die Militärsammlung untergebracht. Weiter hinauf stoßen Sie auf das **Loreto-Heiligtum**. Vor den Toren genießen Sie wieder eine neue Prag-Perspektive, die Kleinseite mal von oben. Wo das Sternenbanner weht, residiert heute im Schönborn-Palais die Amerikanische Botschaft. Direkt über der Einfahrt mietete sich Kafka eine 2-Zimmer-Wohnung, **Na tržíště 15**. Sie war windig und feucht, völlig ungeeignet für den lungenkranken Kafka, aber hier störte ihn niemand, und er fand endlich Ruhe zum Schreiben. Trotzdem hielt er es hier nur einige Monate aus, nämlich von März bis August 1917. Dann aber verschlimmerte sich sein Leiden, und Sanatoriumsaufenthalte wurden notwendig.

Die Reste der **Hungermauer** findet man auf dem Hügel **Petřín**. Hierher kam Kafka oft. Die 4,5 m breite Mau-

In diesem kleinen Häuschen im Goldenen Gässchen Nr. 22 lebte und wirkte mit Franz Kafka einer der berühmtesten Söhne der Stadt.

er war Stadtbefestigung, und bei ihrem Bau bekämpfte Karl IV. die Hungersnot in Prag: Täglich gab es eine Suppe für alle am Bau Arbeitenden.

Barockgarten ···⟫ Friedhof
Was bereits von oben malerisch erscheint, wird beim steilen Abstieg noch pittoresker. Die verwinkelte **Vlasská ulice** (Italienische Straße) war das feine Viertel der Aristokratie mit Zweitpalästen und Drittwohnungen der Familien Schönborn, Hartig und Vrtba, deren Barockgarten (**Vrtbovská zahrada**) zu den schönsten an der Kleinseite zählt und zum Verweilen einlädt (Eingang: Karmelitská 25, Eintritt 80 Kč). Von den Terrassen bietet sich eine ungewöhnliche Perspektive auf die roten verschachtelten Dächer der Kleinseite. In der **Sala terena** gibt es Sommerkonzerte mit Werken von Mozart, Bach und Vivaldi.

Wer von Kafka Abschied nehmen will, muss in die Metrolinie A steigen, Station Želivského. Auf dem dortigen **Neuen Jüdischen Friedhof** ist sein Grab – Ziel zahlreicher Verehrer.

Der Königsweg

Charakteristik: gemütliche Tour durch geschichtsträchtige Viertel; **Anfahrt:** Metrolinie B bis Náměsti Republiky; **Dauer:** 3 Std.; **Länge:** 2,5 km; **Einkehrmöglichkeit:** Square (→ S. 24); das literarische Kaffeehaus Malostranská kavárna wurde zum Square umgekleidet, eine Bistro-Bar mit edlem Designer-Ambiente. Das Sitzen hier ist schön, aber teuer; **Karte:** ⸱⸱⸱⸳ Umschlagkarte vorne (lila)

Suchen Sie nicht vergeblich auf Ihrem Stadtplan: Unter dem Namen »Königsweg« werden Sie nichts finden. Es handelt sich um die Route, die Könige und Kaiser zur Krönung in Prag zurücklegen mussten. Sie führte vom Altstädter Königshof zum Hradschin. Die Parade unterwegs galt dem Volk, damit es seinem neuen Herrscher zujubeln konnte.

Pulverturm ⸱⸱⸱⸳ Celetná

Der Ausgangspunkt zu diesem Spaziergang liegt beim **Pulverturm** (Prašná brána). Der Alte Königshof wurde im Lauf der Geschichte zerstört, die Ruinen mussten 1900 dem neuen Gemeindehaus (Obecní dům) weichen. Die erste Etappe unseres Weges bildet die **Celetná**, die Zeltnergasse. Lä-

den für Platten, Kristallglas, Schmuck und Kosmetika reihen sich aneinander; dazwischen immer wieder Cafés, Restaurants und Weinkeller unter alten Gewölben des 13. Jh. Wie Bilderbücher sind die Fassaden verziert. Ganz aus dem Rahmen fällt ein Haus mit schrägen Winkeln. **Zur schwarzen Mutter Gottes** – architektonischer Kubismus der Zwanzigerjahre von Josef Cočar. Eine Baurichtung, in Prag erfunden und nur hier zu finden.

Welches Handwerk oder Gewerbe im jeweiligen Haus betrieben wurde, erkannte man an den Wappen über dem Eingang. Sie ersetzten in früheren Jahrhunderten auch die fehlenden Hausnummern. Die edlen drei Federn zum Beispiel am Haus Nr. 10 warben

Die St.-Veits-Kathedrale auf dem Hradschin sollte nach dem Willen von Kaiser Karl IV. der größte Dom Europas werden.

für Prags Prominentenschneider des 15. Jh. Der Engel im Wappen bedeutete, dass dieses Haus unter gutem Schutz steht und man hier ruhig übernachten konnte. So war's auch bei Nr. 29 »Zum Goldenen Engel«, im 19. Jh. Prags führendes Hotel. Unten im Café komponierte Mozart an einem Nachmittag eines seiner berühmtesten Stücke, dem Prager Harfenisten Häusler gewidmet, daher auch Häusler-Serenade genannt.

Altstädter Ring ⤑ Mostecká

Auf dem **Altstädter Ring** (Staroměstská náměstí) waren stets große Tribünen aufgebaut. Nach diesem Halt rollte der Paradezug über die enge **Karlova**. Diese Meile gehört heute Galeristen, Antiquitätenhändlern und Juwelieren. Es riecht auch nach Pizza und Popcorn. Der Touristenandrang ist manchmal so groß, dass man die Sehenswürdigkeiten nicht in Ruhe betrachten kann. Bevor Sie die **Karlsbrücke** (Karlův most) erreichen, schauen Sie sich genau das Haus Nr. 4 an. Eine Gedenkbüste von Johannes Kepler steht davor. Der Hofastronom von Kaiser Rudolf II. entdeckte die Gesetze der Planetenbewegung unter diesem Dach. Eine andere Geschichte über ihn erzählt, Feldmarschall Wallenstein sei ermordet worden, kurz nachdem sich Kepler geweigert hatte, ihm ein Horoskop zu erstellen.

Über die Karlsbrücke pflegte das Königsdefilee ohne anzuhalten hinwegzuziehen. Der Hauptteil stand noch bevor: die Kleinseite. In der **Mostecká**, der lebendigen Geschäftsstraße am anderen Ende der Karlsbrücke, findet man noch die typisch kleinstädtische Atmosphäre. In der Seitengasse gegenüber dem Café Lázenská wohnte Beethoven im Haus Nr. 11, »Zum Goldenen Einhorn«. Am Ende der Mostecká ragt mächtig wie der Petersdom der **St.-Niklas-Dom** auf. Das Flair des **Kleinseitener Rings** (Malostranské náměstí) ist römisch, mit der **Malostranská kavárna** auch sehr gemütlich.

Die Kleinseite am linken Moldauufer, unterhalb des Hradschin.

Nerudagasse ⤑ Morzin-Palais

Die steile **Nerudagasse** (Nerudova) musste auch der Schriftsteller Jan Neruda hinauf. Denn er wohnte ganz oben, Nr. 47, und ertrug ab 1845 ganze 14 Jahre lang den Lärm aus der Kneipe »Zu den zwei Sonnen«, bis er entnervt umsiedelte. Grimmige Atlanten, Steinfiguren, die eine Weltkugel auf dem Rücken tragen, stützen den Balkon des **Morzin-Palais**. Es sind Meisterwerke des böhmischen Barock von F.M. Brokoff, um 1710 der meistbeschäftigte Bildhauer in Prag. Die dargestellten Figuren sind steingewordene Legenden und Sagen.

Burgrampe ⤑ St.-Veits-Kathedrale

Auf der **Burgrampe** vergessen Sie sicherlich beim Anblick der romantisch verträumten Gärten, der roten Dächer und vielen verwinkelten Gassen sämtliche böhmischen Könige wieder. Der Königsweg endet vor der **St.-Veits-Kathedrale**. Hier wurden die böhmischen Könige gekrönt, hier befindet sich auch ihre letzte Ruhestätte. Ein Tipp zum Verschnaufen: das von der Gräfin Sternberg errichtete Café »Kajetanka« an der Burgrampe.

Die Karlsbrücke

Charakteristik: ausführliche Besichtigung der Karlsbrücke; **Anfahrt:** Metrolinie A bis Staroměstská; **Dauer:** 1 Std.; **Länge:** 0,5 km; **Einkehrmöglichkeiten:** Kampa Park (→ S. 20), Four Seasons Terrasse (→ S. 14); **Karte:** ····⫶⟩ S. 77

Es lässt sich darüber streiten, wo in Prag das eigentliche Herz schlägt. Unbestritten bleibt, wohin alle Wege führen: zur Karlsbrücke. Eine halbe Million Fußgänger sind es bestimmt an einem sommerlichen Sonntag, die sich hier drängeln. Der Leierkastenmann spielt hier neben der Dixieband, Schnellzeichner für Porträts und Souvenirstände mit Tand und Talmi finden eine kauflustige Kundschaft. Ein Tag in Prag sollte nicht zu Ende gehen, ohne dass man einmal die Karlsbrücke überquert hat.

Hier stand bereits 1158 die erste Brücke Prags, nach der Königsgemahlin Judith benannt. Um den Beschädigungen durch Hochwasser zu trotzen, beschloss Karl IV., eine Konstruktion für die Ewigkeit aus Sandstein bauen zu lassen. Sein genialer Architekt Peter Parler, der sich beim Bau der **St.-Veits-Kathedrale** bewährt hatte, machte sich 1357 an die Arbeit. Nach 45 Jahren war die »Golden Gate Bridge« Europas fertig: 520 m lang, 10 m breit, von 16 Pfeilern gestützt. Den **Kleinseitener Brückenturm** können Sie besteigen. Er gehörte ursprünglich zur Stadtfestung des 12. Jh. Den jüngeren **Altstädter Brückenturm** ziert eine Dreiergruppe: rechts Karl IV., links sein Sohn Wenzel IV. und der heilige Veit überhöht in der Mitte.

Berühmt wurde die Karlsbrücke durch die einzigartige Kollektion von Statuen, die man nach und nach in über 250 Jahren auf die Brüstung stellte. Als Erster erhielt hier 1683 der heilige Nepomuk seinen Platz. Als letzte Figurengruppe siedelte man die Heiligen Kyrill und Method an, 1938 entstanden und vom Kultusministerium gestiftet. Die medizinische Fakultät der Karlsuniversität bestellte hier die Statue der Heiligen Cosmas und Damian, an den Salbentiegeln leicht als himmlische Vertreter der Ärzte zu erkennen. Es sind keine Dutzendgesichter, sondern Meisterwerke, ausdrucksvoll gestaltet von Ferdinand Maximilian Brokoff und Matthias Braun, den bedeutendsten Bildhauern Böhmens um 1710. Neben Landesheiligen wie Adalbert, Wenzel, Ludmilla und Nepomuk gab es eine Reihe von »Pflichtheiligen« für allerlei Orden. Antonius, Augustinus, Franziskus, Kajetan. Des religiösen Pilgers liebster Brückenengel ist die heilige Luitgard. Christus reicht ihr die Hand. Eine mystische Szene.

Dass Rabbi Löw hier Geister und Gespenster vertrieben hat, wurde sogar in Chroniken festgehalten. Ein anderes Rätsel wurde erst 600 Jahre später geklärt: der Brückensturz des Generalvikars der Burg, Johannes von Nepomuk. Er wurde nicht, wie behauptet, 1393 in der Moldau ertränkt, sondern zu Tode gefoltert und an der Stelle, wo seine Statue steht, als Leichnam im Fluss versenkt! Romantisch klingt auch die Erklärung für Nepomuks gewaltsamen Tod. Er soll dem eifersüchtigen Wenzel IV. das Beichtgeheimnis der Königin nicht verraten haben. Auch dies stimmt nicht, wie Historiker später herausfanden. Nepomuk wurde Opfer kirchlicher Intrigen gegen König Wenzel IV.

Noch eine andere Figur fällt auf, weil sie südlich der Brücke auf einem eigenen Sockel in der Moldau glänzt: der Ritter Bruncvík mit vergoldetem Schwert. Er bekämpfte die Sarazenen und brachte einen Löwen mit. Seitdem hieß es: »Sollte mal der Untergang drohen, kommt der Bruncvík mit seinem Schwert, um das Land zu retten.«

Die Karlsbrücke

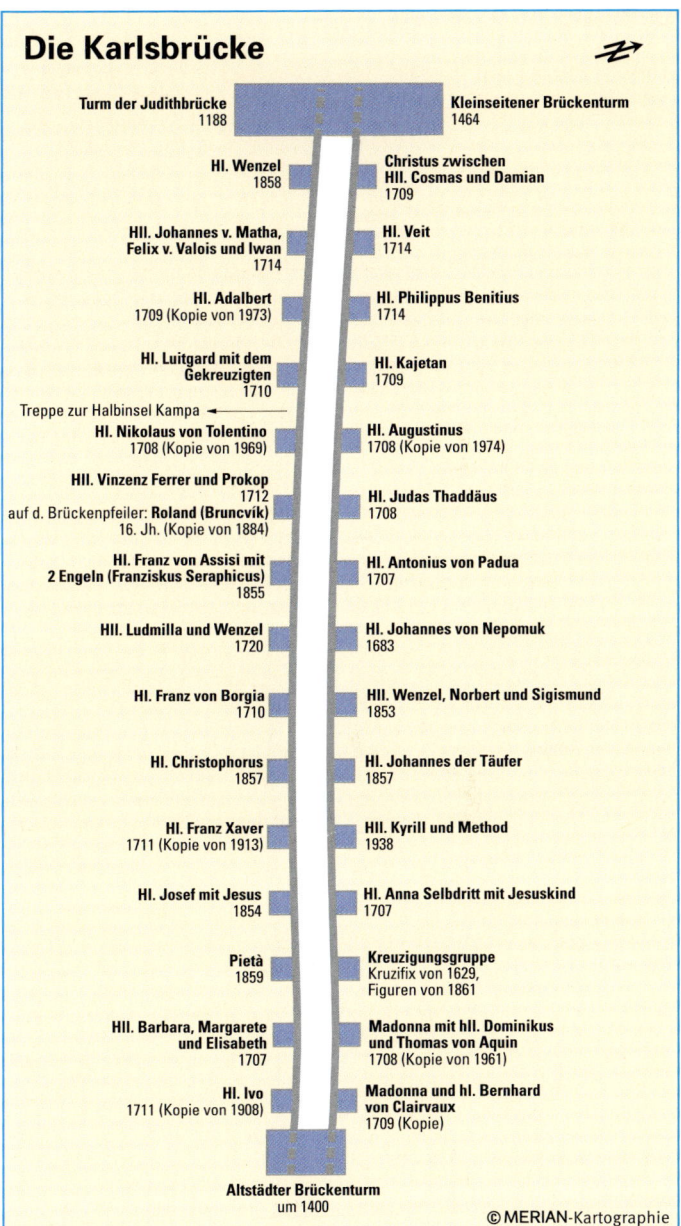

Turm der Judithbrücke 1188	Kleinseitener Brückenturm 1464
Hl. Wenzel 1858	Christus zwischen Hll. Cosmas und Damian 1709
Hll. Johannes v. Matha, Felix v. Valois und Iwan 1714	Hl. Veit 1714
Hl. Adalbert 1709 (Kopie von 1973)	Hl. Philippus Benitius 1714
Hl. Luitgard mit dem Gekreuzigten 1710	Hl. Kajetan 1709
Treppe zur Halbinsel Kampa ← Hl. Nikolaus von Tolentino 1708 (Kopie von 1969)	Hl. Augustinus 1708 (Kopie von 1974)
Hll. Vinzenz Ferrer und Prokop 1712 auf d. Brückenpfeiler: Roland (Bruncvík) 16. Jh. (Kopie von 1884)	Hl. Judas Thaddäus 1708
Hl. Franz von Assisi mit 2 Engeln (Franziskus Seraphicus) 1855	Hl. Antonius von Padua 1707
Hll. Ludmilla und Wenzel 1720	Hl. Johannes von Nepomuk 1683
Hl. Franz von Borgia 1710	Hll. Wenzel, Norbert und Sigismund 1853
Hl. Christophorus 1857	Hl. Johannes der Täufer 1857
Hl. Franz Xaver 1711 (Kopie von 1913)	Hll. Kyrill und Method 1938
Hl. Josef mit Jesus 1854	Hl. Anna Selbdritt mit Jesuskind 1707
Pietà 1859	Kreuzigungsgruppe Kruzifix von 1629, Figuren von 1861
Hll. Barbara, Margarete und Elisabeth 1707	Madonna mit hll. Dominikus und Thomas von Aquin 1708 (Kopie von 1961)
Hl. Ivo 1711 (Kopie von 1908)	Madonna und hl. Bernhard von Clairvaux 1709 (Kopie)

Altstädter Brückenturm
um 1400

© MERIAN-Kartographie

Das jüdische Prag

Charakteristik: auf kleinstem Raum Eintauchen in die jüdische Welt Prags; **Anfahrt:** Metrolinie A bis Staroměstská; **Dauer:** 1–2 Std.; **Länge:** 1,5 km; **Einkehrmöglichkeiten:** Le Café Colonial (→ S. 21), Bistro-Bar Pravda (→ S. 20); **Jüdisches Museum Prag:** Information Tel. 2 24 81 94 56, Fax 2 24 81 94 58, Reservierung für Besucherzeiten Tel. 2 22 31 71 91, Fax 2 22 31 71 81; www.jewishmuseum.cz; Josefov, U staré Školy 1; tgl. außer Sa 9–18 Uhr, Eintritt für Museum 300 Kč (Erwachsene), 250 Kč (Studenten, Kinder); Altneusynagoge 260 Kč; **Karte:** ····⟩ S. 79

Die Zahl der jüdischen Bewohner wurde durch den Zweiten Weltkrieg in Prag drastisch reduziert. Derzeit wird die jüdische Gemeinde auf etwa 5000 Mitglieder geschätzt. Wie bedeutend sie mal war, besagt der Spruch, es gebe in Prag mehr Thora-Rollen als in Jerusalem. Zweifellos ist das Viertel Josefstadt (Josefov) auch das größte Denkmal der jüdischen Kultur.

Parízká ····⟩ Alter Jüdischer Friedhof

Sie beginnen den Rundgang durch das jüdische Prag in der **Pařížká**, einer Straße, die als Boulevard bezeichnet wird, weniger wegen ihrer Breite als wegen der Jugendstilfassaden. Die Pařížká markiert die Grenze zum Ghetto. Um sie zu erreichen, nimmt man die Treppen bei der **Altneusynagoge** (→ Sehenswertes, S. 49). Diese wurde 1270 an der Stelle eines Grabsteines mit der hebräischen Jahreszahl 606 errichtet. Das führte zu der Annahme, die allerdings bis heute nicht bewiesen werden konnte, dass bereits vor der Entstehung Prags an diesem Ort eine jüdische Siedlung existierte.

Die weitere Geschichte des Ghettos verbindet sich stark mit dem Wirken von Rabbi Löw, dem Schöpfer des Golem. Diese Lehmfigur konnte mit einem Zauber ins Leben gerufen werden. Außer Kontrolle geraten, richtete sie eine Verwüstung im Hause des Rabbis an, eine frühe Vorahnung von unkontrollierter menschlicher Technik. Der Golem inspirierte Karel Čapek zu seinem futuristischen Roman »R.U.R.«. Das Wort Roboter ist seine Erfindung. Ein weiterer berühmter Prag-Roman, »Der Golem« von Gustav Meyrink, trägt im Namen den Titel dieser Sagengestalt. Die Scherben des Golem sollen unter dem Fundament der **Altneusynagoge** liegen. Es heißt, wer sie auszugraben versuche, dem werde das Gotteshaus auf den Kopf stürzen.

Eine Sehenswürdigkeit von Weltrang ist der **Alte Jüdische Friedhof**. 12 000 Grabplatten, aufgestellt auf einer Fläche kleiner als ein Fußballplatz. Der älteste Grabstein stammt aus dem Jahre 1439. Nach dieser Zeit führte auch der Hauptstrom der jüdischen Emigranten nach Prag, ausgelöst durch die Vertreibung aus Spanien, auf Geheiß Ferdinand II. von Aragonien. Böhmen gab sich nach den Hussitenkriegen gegenüber anderen Religionen und Glaubensrichtungen relativ tolerant. In Prag durften die Juden sich als Handwerker, Ärzte und Fleischer betätigen. Kaiser Rudolf II. hegte außerdem eine heimliche Bewunderung für die jüdischen Wissenschaften Medizin und Chemie. Im Wechsel zwischen Pogromen und Privilegien entwickelte sich das Ghetto, ursprünglich die Bezeichnung für einen abgeschlossenen Lagerraum. Der Name **Josefstadt** (Josefov) beruht auf dem Dekret König Josef I. Er bestätigte das Wohnrecht der Juden in diesem Viertel. 1787 fand auf dem Alten Jüdischen Friedhof die letzte Beerdigung statt.

Klausen-Synagoge ····⟩
Jüdisches Rathaus

Jüdisches Leben von der Wiege bis zum Tode: Unter diesem Motto wurde 1942 das Ghetto in eine Gedenk-stätte umgewandelt. Es war die perfide Idee von Hitler, dies als »Museum einer untergegangenen Rasse« einzurichten. Über 100 000 Exponate aus ganz Böhmen und Mähren wurden in acht Gebäuden der Gemeinde und 50 Warenhäusern zusammengetragen. Des Führers Auftrag, alle Gegenstände für eine Ausstellung zu ordnen, wurde jedoch nicht vollendet. Bis August 1944 waren die meisten jüdischen Mitarbeiter und Historiker in die Vernichtungslager deportiert worden. Die Sammlung wurde 1950 dem Staat vermacht. Seit 1991 sind alle Objekte katalogisiert und öffentlich ausgestellt.

Die **Klausen-Synagoge** (Klausova synagóga) neben dem Alten Jüdischen Friedhof zeigt Gegenstände jüdischer Tradition und Brauchtums sowie alte Drucke der Heiligen Schrift Talmud. Die **Zeremonienhalle** (Obřadní síň) ist zugleich der Name für den Burgbau der Prager Begräbnis-bruderschaft mit Exponaten zur Thematik Medizin und Tod. In der renovierten **Pinkas-Synagoge** (Pinkasova syngóga) wurden im ersten Stock die Kinderzeichnungen aus dem Lager Theresienstadt untergebracht. In die Wände sind rot-schwarz die Namen von 77 298 Opfern des Holocausts eingeritzt. Das Gebäude selbst wurde 1625 im Stil der Renaissance erbaut. Älter ist die **Maisel-Synagoge** (Maiselova synagóga), 1592 vom Primas des jüdischen Prag, Mordechai Maisel, gegründet. Sie beherbergt eine Silbersammlung aus anderen böhmischen Synagogen. Die jüngste, 1882 im maurischen Stil errichtete **Spanische Synagoge** (Spanělská synagóga) soll an die Inquisition und Vertreibung der Juden im 16. Jh. erinnern. Die Alhambra war Vorbild. Innen lagern über 2000 wertvolle Wandbehänge. Bemerkenswert ist die Turmuhr am **Jüdischen Rathaus** (Židovská radnice). Die Zeiger gehen andersherum, von rechts nach links.

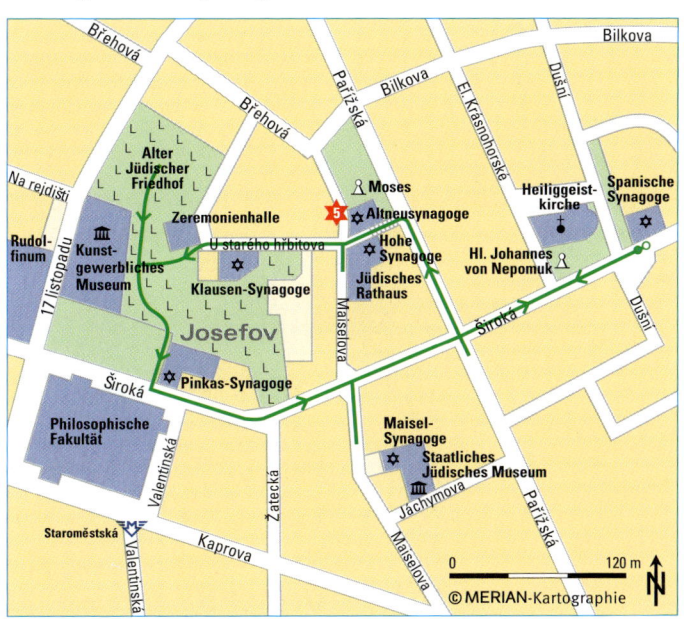

Die Kleinseite

Charakteristik: Prachtvolle Häuser und Paläste prägen den historischen, gut erhaltenen Stadtteil. **Anfahrt:** Metrolinie A bis Malostranská; **Dauer:** 3 Std.; **Länge:** knapp 2 km; **Einkehrmöglichkeiten:** Hergetová cihelna (→ MERIAN-Tipp, S. 24), Gartenterrasse Aria Hotel (→ S. 13); **Karte:** ····⟩ S. 81

So wunderbar alt und kunstvoll, jedes Haus wie ein Schloss, Paläste mit bemalten Fassaden, prachtvolle Kirchen, Barock im Hochglanz. Dabei ist die Kleinseite der jüngere der beiden historischen Stadtteile Prags. Im 12. und 13. Jh. endete hier die Stadtbefestigung. Vor den Mauern und dem Wehrturm staute sich der Verkehr. Vormals an der hölzernen Judith-, später an der steinernen Karlsbrücke – die Handelsleute warteten hier ungeduldig in der Schlange, um auf die andere Seite zu wechseln und nach der Marktstätte Prag zu gelangen. Auf dem linken Moldauufer hatte man damals nichts verloren. Erst viel später entstand hier die Burg. Diese wurde zur Pilgerstätte, denn hier verehrte das Volk die Reliquien des heiligen Veit und des Herzogs Wenzel I., der zum Landesheiligen Böhmens emporstieg. Auch das Kloster Strahov und der Hügel des Henkers, der Petřín, lagen drüben.

Maurer, Tischler, Zimmerer, Eisenschmiede und Dachdecker ließen sich auf der Kleinseite wegen der niedrigen Mieten nieder. Die eigentliche Blütezeit begann erst mit den Habsburgern. Es entstanden neue Kirchen, Klöster und Paläste. Das 17. Jh. bescherte der Kleinseite einen Bauboom ohnegleichen. Diese »Spätzündung« macht sich für das Viertel heute bezahlt. Während die Prager Alt- und Neustadt einschneidend durch Sanierung verändert wurden, steht die Zeit auf der Kleinseite seit über 150 Jahren still. Wie eh und je quält sich die Tram durch die engen Gassen, und zum Kleinseitener Brückenkopf in der **Mostecká** kam nur ein einziges neues Gebäude hinzu.

Malostranská ····⟩ Kampa

Wenn Sie die Metrostation Malostranská hinaufsteigen, begrüßen Sie Statuen im Garten. Ein guter Ausgangspunkt, um die Kleinseite zu entdecken. Sie biegen links in die **Vald-**

Verwinkelte Gassen und schöne Häuser findet man in der Kampa auf der Kleinseite.

štejnská ein. Viele der Paläste unterhalb des Hradschin sind heute Botschaften. Das Kultusministerium siedelte sich im **Palais Kolovrat** an. Gegenüber liegt das prachtvolle **Waldstein-Palais** (Valdštejnský palác), wo heute der Senat residiert.

Die nächsten Schritte führen zur **Sněmovní**, Landtagsgasse. Das Palais des Grafen Thun (Thun palác) diente zwischen 1696 und 1720 zeitweilig als Abgeordnetenhaus des Adels, heute beherbergt es das Parlament der Tschechischen Republik. Hinter dem Palais Ledebourg und Pallty wurden die herrlichen Kleinseitner Gärten am Südhang unterhalb der Burg (Zugang Valdštejnské náměstí 3) rekonstruiert. Sie gehören zu den reizvollsten Ecken: Treppen, Terrassen, Brunnen aus der Barock- und Rokokozeit. Blumen und Obstbäume verzaubern besonders in der Frühjahrsblüte. Im **Palais Thun-Hohenstein** residiert die Italienische Botschaft, im **Palais Morzin** sitzen (noch) die Rumänen. In der steil ansteigenden **Nerudagasse**, nach dem Schriftsteller Jan Neruda benannt, hat jedes Haus eine Geschichte, einen Novellenheld, eine Episode.

Beachten Sie hier die originellen Hauszeichen. Wo die drei Geigen hängen (Nr. 12), lebten nach 1700 drei Generationen von Geigenbauern. Der goldene Kelch weist auf einen Goldschmied hin (Nr. 14). Das goldene Hufeisen warb 1750 für die erste Apotheke am Hradschin. Am Ende dieser Reihe bemerkenswerter Häuser würde sich der Spazierweg in Richtung Burg nach oben ziehen. Aber der Prager liebt die krummen Wege, also schlendert man weiter über das Kopfsteinpflaster der **Tržiště** und landet beim **Schönborn Palais**, Sitz der US-Botschaft. Danach sollte man über die **Karmelitská** (Straße der Karmeliterbrüder) hinübergehen und in die verwinkelten Gassen der **Kampa** eintauchen. Der Spazierweg führt am Platz des Malteser Großpriors (Velkopřevorské náměstí) vorbei. Man hört Musik aus dem Konservatorium der Blinden unter den Arkaden, eine der stimmungsvollsten Ecken der Kleinseite. An der Botschaft von Frankreich vorbei, gelangt man auf einen Platz mit Töpfermarkt (im Sommer). Hier soll nach der Prager Gründungslegende im 13. Jh. ein sagenhafter Hain gestanden haben.

Ausflüge in die Umgebung

⑩ Burg Karlstein

Burg Karlstein galt im Mittelalter als uneinnehmbar.

Charakteristik: Die berühmteste Burg nach dem Hradschin, ein Markenzeichen des Landes; **Hrad Karlštejn:** Tel. 3 11 68 16 17; www.hradkarlstein.cz; tgl. außer Mo 9–12 und 13–17 Uhr, Juni–Aug. 9–12 Uhr und 12.30–19 Uhr; 200 Kč (kleiner Rundgang, 50 Min.), 300 Kč mit Wenzelskapelle (nur Gruppen bis 12 Personen); Reservierung: Tel. 2 74 00 81 55-6; die Schatzkammer mit den Reichskleinodien ist nicht zugänglich. **Anfahrt:** Mit öffentlichen Verkehrsmitteln fährt man mit der Metro B von Prag bis Bahnhof Smíchov, mit dem Zug bis Karlstein. Mit dem Auto fährt man 38 km über die D 5, Abzweigung Beroun. Oder man nimmt die Landstraße 4 Richtung Dobřichovice. Sie verlassen Prag am besten über die Ausfallstraße beim Bahnhof Smíchov. **Dauer:** halbtägiger Ausflug; **Karte:** ⟶ S. 85, b 2

Erst spät eröffnet sich dem Besucher der vollständige Blick auf die Burg. Der Aufstieg führt über die Dorfhauptstraße durch Weinberge hindurch, und plötzlich erscheinen zwischen zwei mächtigen Hügeln die zackigen Mauerkronen und zwei gewaltige Turmbauten. Die »Uneinnehmbare«, wie die Burg auch gerne genannt wird, ist tatsächlich niemals erobert worden. Hartnäckige Versuche gab es genug, von den Hussiten ist sie etwa 14 Jahre lang erfolglos belagert worden. Auch die Schweden scheiterten 1648. Die Kronjuwelen waren und sind unter dem Dach des größeren Burgturms sicher verwahrt.

Karl IV. gefielen Landschaft und Lage so gut, dass er 1348 zur Aufbewahrung der Landeskrone beschloss, hier eine Burg zu bauen. Als leidenschaftlicher Reliquiensammler begann er zunächst mit dem Bau der **Kirche der Jungfrau Maria** und der **Kapelle der hl. Katharina,** um hier einen sicheren Ort für die sterblichen Überreste der Heiligen zu schaffen. Die Wände der zweiten **Kreuzkapelle** sind mit 2200 Edelsteinen geschmückt, die den Zerfall der Reliquien verhindern sollten. Insgesamt betrug die Bauzeit der Burg Karlstein nur zehn Jahre. Peter Parler, der Architekt der **St.-Veits-Kathedrale** und der **Karlsbrücke,** leitete die Bauarbeiten. Die Dimensionen der Burg, die 320 m über dem Tal in den Himmel ragt, sind überwältigend: 6 m dicke Wälle, Zugbrücken, die kühn in der Luft hängen, und Treppen, die in geradezu Schwindel erregende Höhen steigen.

Die Räume der Kaiserin waren in einem Nebentrakt untergebracht. Sie selbst wurde des Öfteren auf die benachbarte **Burg Křivoklát** verbannt, damit der Kaiser bei seinen Meditationen nicht gestört wurde. Als landesweit wertvollste Objekte gelten die 128 Tafelgemälde des Meisters Theoderich. Echte Reliquien sind in die Darstellung des »Himmlischen Heeres« eingearbeitet. Auf dem Talweg kehren Sie in die Weinstube

»Karl IV.« ein. Schwarze Balken und dunkle Holztische vermitteln ritterliche Stimmung.

Mělník

Charakteristik: Schloss, Katakomben, berühmte Weinkeller und ein herrliches Panorama auf die Mündung der Moldau in die Elbe; **Zámek Mělník:** Tel. 3 15 62 21 21; www.lobkowicz-melnik. cz; tgl. 10–17 Uhr; Eintritt 60 Kč; **Hrad Kokořín:** Tel. 2 06 69 50 64; April–Okt. 9–16, im Sommer 8–17 Uhr; **Veltrusy:** Tel. 3 15 78 11 46; wieder eröffnet ab 2005; April–Okt. 9–16, im Sommer 8–17 Uhr; **Anfahrt:** mit dem Auto 35 km auf der Landstraße 9, aus Prag über die Ausfallstraße am Hauptbahnhof nördlich nach Teplice; **Dauer:** Tagesausflug; **Karte:** ⋯⟩ S. 85, b 1

Auch die Weinreben brachte Karl IV. nach Böhmen, um das Land nach französischem Vorbild zu kultivieren. Die rote und weiße Traube hat einen eigenen Geschmack: Berühmt ist die »sv. Ludmila«, ein edler tschechischer Wein. Der kulinarische Ausflug verbindet sich hier mit dem Schloss der Lobkoviczer. Die Besichtigung endet im Weinkeller. Vielleicht jetzt einen kräftigen Schluck, um die Schrecken des Dreißigjährigen Krieges, an die man im Gebeinhaus erinnert wird, wegzuspülen?

Und weil die Gegend so lieblich schön ist, sollten Sie weiter dem **Kokořín-Tal** zur **Burgruine Kokořín** folgen. Im 14. Jh. gegründet, nach 1900 restauriert, wäre die Burg heute die ideale Kulisse für einen Hollywoodfilm. Auf der Rückfahrt sollten Sie **Veltrusy** nicht verpassen, ein Barockschloss wie aus einer Mozart-Oper.

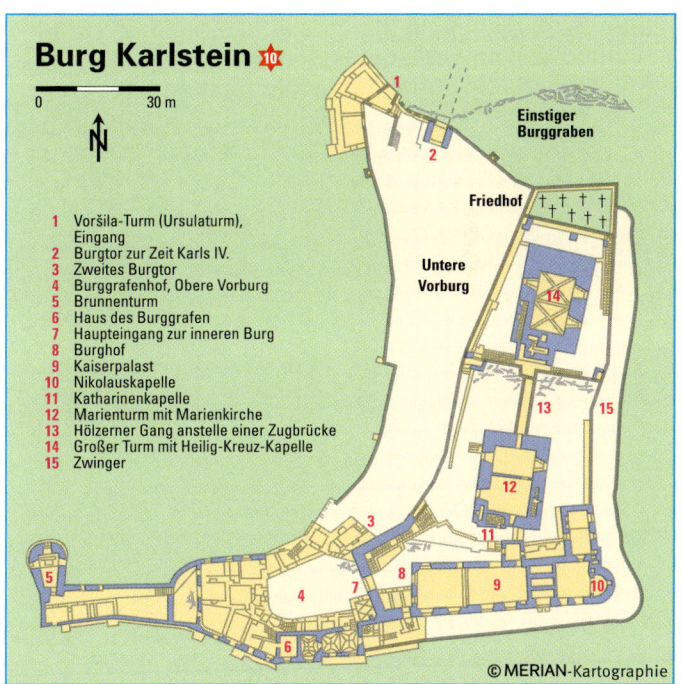

Burg Karlstein ⑩

0 ___ 30 m

N

1 Voršila-Turm (Ursulaturm), Eingang
2 Burgtor zur Zeit Karls IV.
3 Zweites Burgtor
4 Burggrafenhof, Obere Vorburg
5 Brunnenturm
6 Haus des Burggrafen
7 Haupteingang zur inneren Burg
8 Burghof
9 Kaiserpalast
10 Nikolauskapelle
11 Katharinenkapelle
12 Marienturm mit Marienkirche
13 Hölzerner Gang anstelle einer Zugbrücke
14 Großer Turm mit Heilig-Kreuz-Kapelle
15 Zwinger

Einstiger Burggraben

Friedhof

Untere Vorburg

© MERIAN-Kartographie

Křivoklát

Charakteristik: Türme, Rittersäle, Kerker – eine Burg wie im Bilderbuch; **Hrad Křivoklát:** Tel. 3 13/55 84 40; tgl. außer Mo 9–16, im Sommer bis 17 Uhr; Eintritt 150 Kč, Kinder 40 Kč, mit fremdsprachiger Führung Kč 140; Restaurant und Pension **U Jelena** (Zum Hirschen), Hradní 55, Tel./Fax 3 13/55 82 35; malerische Lage unterhalb der Burg, Wildbret, Terrasse über dem rauschenden Fluss Berounka; **Anfahrt:** 50 km, mit dem Auto über die E 50 nach Plzeň, Abzweigung Tuchlovice, weiter über die Landstraße nach Lány. Im Sommer Pendelverkehr vom Busbahnhof Dejvice; Metrolinie A: Hradčanská; **Dauer:** Tagesausflug; **Karte:** ⋯⟩ S. 85, a 1

Die an Burgen so reiche Umgebung von Prag hat einen herausragenden Höhepunkt: Křivoklát 👬, was in etwa »schiefer Berg« heißt. Karl IV. verwandelte das kleine Jagdschloss aus dem 12. Jh. in eine mächtige Festung. Diese sollte die Handelsstraße nach Pilsen und weiter nach Bayern sichern. Während der Hussitenkriege nach 1421 wurde die Burg schwer beschädigt. Der Jagellonen-König Wladislaw II. ließ die Anlage erneuern. Kaiser Rudolf II. (1552–1612) verwandelte sie in ein sicheres Gefängnis, das durch den Alchimisten und Scharlatan Kelley berühmt geworden ist.

Bei der Besichtigung sollten Sie die **Burgkapelle** auf keinen Fall auslassen. Besondere Pflege gilt der Sammlung alter Musikinstrumente, die bei sommerlichen Konzerten gespielt werden. Den Ausflug können Sie um einen Abstecher nach **Lány** ausdehnen, wo der erste Präsident der Tschechoslowakei, Tomáš Masaryk, als begeisterter Reiter viel Zeit verbrachte. Der Tradition von Masaryks »Gesprächen aus Lány« folgte Václav Havel: Von hier aus hielt er während seiner ersten Jahre als Präsident jeden Sonntag eine Rundfunkrede.

Südböhmen

Charakteristik: Die Region, im Umkreis von etwa 120 km um Prag, ist eine Art tschechisches Loire-Tal, denn hier gibt es Dutzende von Burgen und Schlössern entlang der Moldau.
Park/Schloss Průhonice ⋯⟩ S. 85, b 2
Tel. 2 71 01 51 11; www.ibot.cas.cz; tgl. 9–17 Uhr, Park im Sommer bis 19 Uhr; Eintritt frei; **Anfahrt:** 15 km, E 55 nach Brno; **Dauer:** 2 Stunden
Schloss Konopiště 👬 ⋯⟩ S. 85, b 2
Tel. 3 17 72 13 66; www.zamek.konopiste. cz; April–Okt. tgl. außer Mo 9–17 Uhr; Eintritt 145 Kč; **Anfahrt:** 38 km, E 55, Ausfahrt Benešov; **Dauer:** Halbtagesausflug; **Übernachtungsmöglichkeit:** Motel Konopiště: auf der E 55, putzige Chalets; Tel. 3 17 72 27 32, Fax 3 17 72 20 53; 40 Zimmer ★ AmEx MASTER
Burg Orlík ⋯⟩ S. 85, b 2
Tel. 3 82 27 51 01; Mai–Okt. tgl. außer Mo 9–16 Uhr, im Sommer bis 17 Uhr; Eintritt 140 Kč; **Anfahrt:** 85 km, E 55; **Dauer:** Halbtagesausflug
Burg Zvíkov ⋯⟩ S. 85, b 3
Tel. 3 82 28 56 76; April–Okt. tgl. außer Mo 9–17 Uhr; Eintritt 45 Kč; **Anfahrt:** 90 km, von der E 55, Abzweigung Písek, Landstraße 9 nach Oslov; **Dauer:** Halbtagesausflug
Burg Hluboká nad Vltavou ⋯⟩ S. 85, b 3
Tel. 3 87 84 39 11; www.pamatky-jc.cz; März–Okt. 9–16, Sommer bis 17 Uhr, Winter nur am Wochenende; Eintritt 180 Kč; **Anfahrt:** 20 km, E 55, Abzweigung Hluboká; **Dauer:** Tagesausflug
Burg Český Krumlov ⋯⟩ S. 85, b 4
Tel. 3 80 3 80 71 22 19; April–Okt. 9–16, im Sommer bis 17 Uhr; Eintritt 150 Kč; **Anfahrt:** 150 km, E 55; **Dauer:** Tagesausflug
Burg Rožmberk ⋯⟩ S. 85, b 4
Tel. 3 80 74 98 38; April–Okt. tgl. außer Mo 9–16, im Sommer bis 17 Uhr; Eintritt 140 Kč; **Anfahrt:** 170 km, an der E 55; **Dauer:** Tagesausflug

Warum nicht die Städtereise nach Prag um einen Kurzurlaub in Südböhmen erweitern? Mehrere Stauseen bilden ein nahezu ideales Erholungsgebiet, ohne die sonst weit verbreiteten Umweltschäden in Böhmen. Denn im Land des Karpfens stehen kaum Fabriken und Schornsteine, die Industrie konzentrierte sich auf den Norden und ließ die südböhmischen Landschaften im Naturzustand. Seit dem 11. Jh. wurden an diesem Verkehrsweg zwischen Ost und West zuerst Palisadensiedlungen, dann Wachtürme und schließlich schwer zugängliche steinerne Burgen errichtet. Manche kleben wie Adlernester – so heißt auch die **Burg Orlík** – an hohen Felsen. Andere beschützen die steilen Moldauufer. Überraschend ist

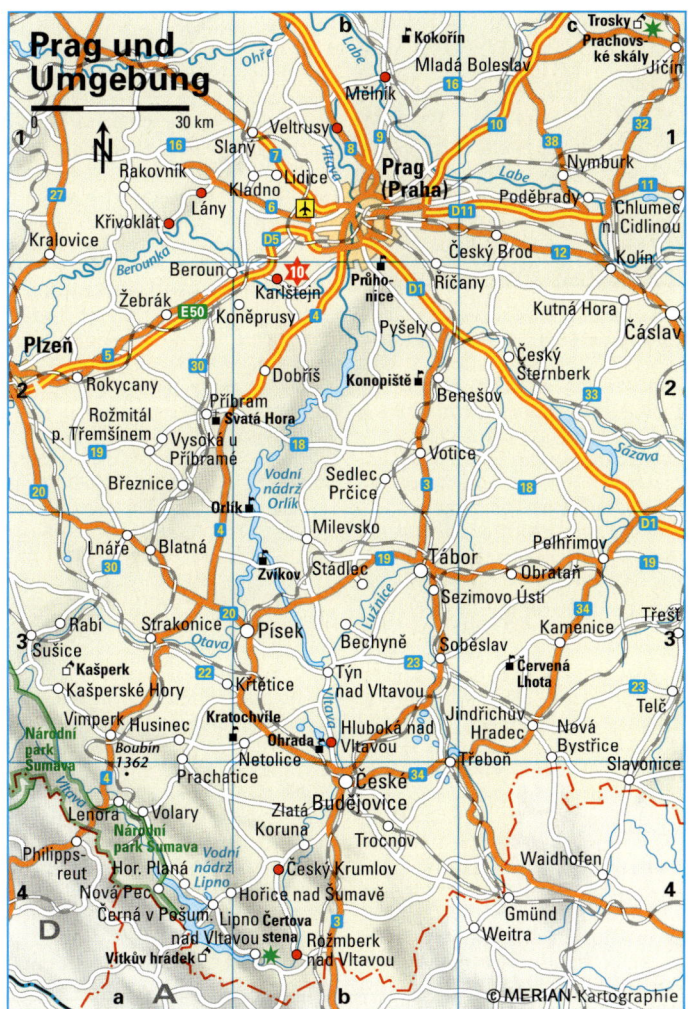

*Hluboká nad Vltavou, zu Deutsch »Frauen-
berg«, auf einem Felsen über der Moldau.*

der überwiegend gute Zustand dieser
Bauten, die von der staatlichen Denk-
malpflege erhalten und jetzt mancher-
orts an ihre ursprünglichen Eigentü-
mer zurückgegeben wurden, wie zum
Beispiel an Schwarzenbergs und Lobkoviczer, aber auch an Privatperso-
nen. In der Umgebung der Burgen
und Schlösser findet man bereits Bed
and Breakfast oder kleine Pensionen.
Die knackige Speckwurst und frisch
gezapftes Bier gibt es hier allemal.

Sie starten vom **Nationalmuseum** am Wenzelsplatz. Von der vier-
spurigen Stadtautobahn fahren Sie
auf die **Nuselský-Brücke** und sind 15
Minuten später in **Průhonice**. Graf Ar-
nošt Emanuel Sylva-Tarouca baute
nicht nur einen Stadtpalast **Na Příkopě** im Zentrum (heute Spielcasino Savarin, → Prag von A–Z, S. 103), sondern auch ein Traumschloss, das
nach Disneyland passen würde. Auf
einer Fläche von 200 ha wurden ganze Wäldchen und weite Auen mit Tei-
chen angelegt, 7000 Azaleen ge-
pflanzt und 75 Arten von exotischen

Gewächsen gezüchtet. Alle Wege des
Parks zusammengelegt würden eine
Strecke von ungefähr 40 km ergeben.
Wie Perlen auf der Schnur reihen sich
die Schlösser und Burgen entlang der
E 55 Richtung Linz aneinander. Diese
Strecke war schon immer der Haupt-
verbindungsweg nach Österreich und
Italien, strategisch und kulturell
wichtig. Das großzügig angelegte
Schloss Konopiště gehörte dem ös-
terreichisch-ungarischen Thronfolger
Ferdinand d'Este, dessen gewaltsa-
mer Tod 1914 den Ersten Weltkrieg
auslöste. Was der Kronprinz in der
kurzen Zeit seines Lebens an historischen Waffen und Jagdtrophäen an-
häufte, überrascht umso mehr. In dieser Burg, im französischen Charakter
des 13. Jh. erbaut, ließ Ferdinand
auch zahlreiche Umbauten nach seiner romantischen Vorstellung durch-
führen. Vielleicht ist die besondere
Architektur der Grund, warum sich
immer mehr Paare in Konopiště trau-
en lassen. Ferdinand war offenkundig
ein Träumer – tragisch, dass er zufällig in den Lauf der Geschichte geriet.

Etwa beim Kilometerstein 85 erreichen wir die gotische Burg **Orlík**
aus dem 13. Jh. mit ihren drei runden
Türmen und Zackengemäuer oben-
auf. Die Schwarzenbergs, über 600
Jahre die Herren hier, sind wieder zurück. Fürst Karl machte auch kurzzei-
tig Karriere als Kanzler des Dichter-
präsidenten Havel. Ob er nochmals zu
ähnlich ehrenvoller Aufgabe gelangt,
bleibt abzuwarten. Die junge Republik hat allerdings große Ziele, auch re-
präsentativer Art: Opernball und Polo
sind erst der Anfang. Inzwischen kann
Europas Adel den Fürsten Karl von
Schwarzenberg um die Sammlung an
historischen Waffen und Jagdtrophä-
en beneiden. Im Garten befindet sich
die Familiengruft. Hoch über der
Moldau spiegelt sich diese schöne
Burg stolz in dem jüngst angelegten
Stausee, an dessen Rand sie liegt.

Im Sommer verkehren hier Boote
zur nächsten Burg, **Zvíkov**, aus der

Přemysliden-Zeit. Längst bevor Prag entstand, regierte König Premysl Otakar I. (1197–1230) bereits von Zvíkov aus das gesamte Land und vermachte schließlich seinen Sitz an böhmische Herrscher. Im 16. Jh. übernahmen die aufstrebenden Schwarzenbergs die romanisch-gotische Burgresidenz. Sehenswert sind die Wenzelskapelle und der Hochzeitssaal sowie die Ausstellung zur Geschichte. Landschaft und Lage sind schön wie auf einer Postkarte.

Von Přemysliden im 13. Jh. zur Stärkung ihrer Macht aufgebaut, wurde die Burg **Hluboká nad Vltavou** 1661 von der immer einflussreicheren Adelslinie der Schwarzenbergs aufgekauft. Dass sie so englisch aussieht, ist auf die Umgestaltung 1870 in den damals modernen Stil der Windsor-Gotik zurückzuführen. Gobelins, Waffen, Möbel und Gemälde füllen die Burg bis unter das Dach.

Český Krumlov (Böhmisch Krumau) – ein Städtchen wie in der Toskana, verträumt und voll zauberhaftem Reiz. Im 13. Jh. dann Stammburg der Vitkovitzer, wurde die Burg nach dem Untergang des Adelsgeschlechts von den Schwarzenbergs übernommen. Sie erweiterten das Areal um eine Barockkapelle, das Schlosstheater und einen Lustpavillon sowie prachtvolle Repräsentationsräume. Bald verfügten sie über einen größeren Besitz als der Kaiser in Wien.

Rožmberk war der Stammsitz der Rosenbergs, der Staatskämmerer des Kaisers. Über dieser Familie soll ein Fluch gelegen haben. Eine Tochter ging in die Legende als die **Weiße Frau von Rožmberk** ein. Aus unglücklicher Liebe fand sie angeblich jahrhundertelang keine Ruhe und geisterte der Legende nach deshalb mal in Südböhmen, mal in Prag herum. Nach der Schlacht am Weißen Berg beschlagnahmte 1621 der siegreiche französische General Bonaventura von Buquoy dieses Anwesen. Den Prager Sitz der Familie, das **Rosenberg-Palais** am Hradschin, verwandelte Kaiserin Maria Theresia in ein Institut für verarmte Adelsfrauen, die ohne Aussteuer keinen blaublütigen Bräutigam fanden. Doch auch diese Damen fühlten sich – so sagt man – nächtlich von der Weißen Frau aus Rožmberk gestört. Wie sie ausgesehen hat, entdeckt man mit etwas Fantasie vielleicht in der Ahnengalerie der Burg. Nach der Besichtigung kann man entweder nach Prag zurückfahren oder die Heimreise über Österreich antreten, denn man ist bereits an der Grenze. Anschluss zur Autobahn Wien–Salzburg–München etwa 60 km.

Die Burg Zvíkov – romantisch an der Moldau gelegen.

Wissenswertes über Prag

Die Postmoderne hat auch in Prag Einzug gehalten: das 1996 fertig gestellte »Tanzende Haus« des Architektenduos Frank O. Gehry und Vlado Milunic.

Prag von G(eschichte) bis Z(oll).
Mit Reiseknigge und Wechselkurstabelle,
Sprachführer, Essdolmetscher und vielen
anderen nützlichen Informationen.

Jahreszahlen und Fakten im Überblick

5. Jh.
Die Slawen kommen aus dem Dnjepr-Becken in ein Gebiet, das von Kelten geräumt war: Boien. So wird Bohemia zum Land der Böhmen, der arbeitsamen Bauern.

9. Jh.
Sagenhafte Gründung von Prag durch die Fürstin Libuše.

926
Am Burghügel Hradschin wird gebaut.

973
Herzog Wenzel wird als Landesheiliger verehrt.

1100
Die Marktstätte Prag entsteht.

1118
Bau der ersten hölzernen Brücke über die Moldau.

1270
Europas älteste Synagoge wird in Prag errichtet.

1348
Der deutsch-römische Kaiser Karl IV. gründet die erste Universität Mitteleuropas in Prag.

1357
Karl IV. legt persönlich den Grundstein für die Karlsbrücke. Den günstigsten Zeitpunkt berechnen die Astrologen auf die Minute: 7. Juli, morgens 5.31 Uhr.

1415
Der Reformer Jan Hus wird in Konstanz verbrannt.

1419
Erster Prager Fenstersturz, Ausbruch der Hussitenkriege.

1449
Jiří (Georg) von Poděbrad, genannt Hussiten-König, nach Karl IV. der beliebteste Herrscher, führt das Land zu neuem Glanz.

1492
Große Einwanderungswelle von Juden, nachdem sie Ferdinand von Aragonien, genannt »der Katholische«, aus Spanien vertrieben hatte.

1526
Ludwig der Jagellonier hinterlässt keinen Thronerben. Ferdinand I. setzt sich unter zahlreichen Königsbewerbern erfolgreich durch. Die Habsburger Herrschaft beginnt fatal mit einem Großbrand in Prag.

1576–1612
Kaiser Rudolf II. zettelt Bruderzwist im Hause Habsburg an und versteckt sich in Prag. Blütezeit Prags als Reichshauptstadt und Kunstkammer Europas.

1609
Rabbi Löw, legendäre Lehrergestalt des Prager Judentums, Schöpfer des Golem, stirbt.

1618
Zweiter Prager Fenstersturz. In Europa beginnt der Dreißigjährige Krieg.

1620
8. November, schwärzester Tag der tschechischen Geschichte: Schlacht am Weißen Berg. Die Habsburger bleiben für 300 Jahre auf dem Thron. Die Tschechen verlieren ihre nationale Identität.

1634
Feldherr Albrecht von Waldstein (auch Wallenstein) wird in Eger ermordet.

1648
Die Schweden plündern Prag, Exil-Tschechen ziehen mit in den Krieg gegen die eigenen Landsleute. Schlacht an der Karlsbrücke.

1673
Der Niklausdom, das Erzbischöfliche Palais und der Klosterkomplex Klementinum werden erbaut.

1743–1790
Reformen durch Maria Theresia und Josef II. Religionsfreiheit für Böhmen. Ende der Leibeigenschaft.

1787
Mozart in Prag.

1867
Die Doppelmonarchie Österreich-Ungarn entsteht. Böhmen gehört zu Wien, die Slowakei zu Ungarn.

1883–1900
Rege Bautätigkeit. Das heutige Stadtbild wurde entscheidend geprägt.

1918
Ausrufung der ersten tschechoslowakischen Republik. Tomáš G. Masaryk wird der erste Präsident († 1935).

1938
Das »Münchner Abkommen« bestätigt die Eingliederung des Sudetenlands ins Dritte Reich.

1939
Hitlers Truppen marschieren in Prag ein.

1942
Attentat auf den stellv. Reichsprotektor Reinhard Heydrich. Als Vergeltung wird das Dorf Lidice ausgelöscht.

1945
Befreiung durch die Rote Armee am 9. Mai. Die Kriegsschäden sind nur unwesentlich.

1948
Februar: Die Kommunisten übernehmen die Macht.

1968
21. August. Der »Prager Frühling« wird von russischen Panzern überrollt.

1977
Václav Havel ist Mitbegründer der »Charta 77« für Menschenrechte.

1989
November: »Samtene Revolution«, der Schriftsteller Václav Havel wird einstimmig zum Präsidenten gewählt.

1993
1. Januar: Nach 74 Jahren löst sich die Tschechoslowakei auf. Václav Havel wird wiedergewählt.

1997
Deutsch-tschechische Aussöhnungserklärung unterzeichnet.

1998
Václav Havel zum dritten Mal Präsident – nur mit zwei Stimmen Mehrheit im dritten Wahlgang bestätigt.

2000
Atomkraftwerk Temelin (80 km von Passau) geht trotz internationaler Proteste ans Netz.

2002
Jahrhunderthochwasser in Prag, die Altstadt bleibt verschont.

2003
Die Amtszeit von Dichterpräsident Václav Havel geht zu Ende – eine Legende tritt ab. Neuer Staatschef wird Václav Klaus.

2004
EU-Beitritt; Prag boomt. Mit 5 Mio. Besuchern bestes Tourismusjahr aller Zeiten.

Nie wieder sprachlos

Diakritische Zeichen (mit Dächlein) stehen für die Zischlaute: č sprich: »tsch«, š = »sch«, ř = »rsch«, ž = »zsch« oder für einen weichen Buchstaben wie dě ist ein weiches »dj«, ě = je, ně = »nj« (nemecký = »njemecký« – und heißt deutsch).

Wichtige Wörter und Ausdrücke

Ja	ano
Nein	ne
Bitte	prosím
Danke	děkuji
Und	a
Wie bitte?	Prosím jak?
Ich verstehe nicht	nerozumím
Entschuldigung	pardon!/promiňte!
Guten Morgen	dobré ráno!
Guten Tag	dobrý den
Guten Abend	dobrý večer
Hallo!	Hej!
Ich heiße ...	jmenuji se ...
Ich komme aus ...	pocházím z ...
Wie geht's?	jak se daří?
Danke, gut ...	dekuji dobře (Slang: nic moc – so lala!)
Wer, was, welcher	kdo, co, který
Wie viel	kolik
Wo ist	kde je
Wann	kdy
Wie lange	jak dlouho
Sprechen Sie Deutsch?	mluvíte německy?
Auf Wiedersehen	na shledanou (sprich: na skledanou)
heute	dnes
morgen	zítra

Zahlen

eins	jedna
zwei	dva, dvě
drei	tři
vier	čtyři
fünf	pět
sechs	šest
sieben	sedum
acht	osum
neun	devět
zehn	deset
zwanzig	dvacet
fünfzig	padesát
einhundert	sto
zweihundert	dvěstě
fünfhundert	pětset
tausend	tisíc

Wochentage

Montag	pondělí
Dienstag	útery
Mittwoch	středa
Donnerstag	čtvrtek
Freitag	pátek
Samstag	sobota
Sonntag	neděle

Mit und ohne Auto unterwegs

Wie weit ist es nach ...	jak daleko je do ...
Wie kommt man nach ...	kudy se dostanu na ...
Wo ist ...	kde je
– die nächste Werkstatt	nejbližši servis
– der Bahnhof/ Busbahnhof ...	nádraží/ autobusové nádraží
– die nächste U-Bahn/Bus-Station	metro/stanice autobusu
– der Flughafen	letiště
– die Touristen-information	turistická informace
– die nächste Bank	nejbližší banka
– die nächste Tankstelle	benzinová stanice/pumpa
Wo finde ich einen Arzt/ eine Apotheke	kde najdu lékaře/lékárnu
Bitte voll tanken!	plný prosím!
Normalbenzin	normal
Super	spezial
Bleifrei	natural
Diesel	nafta

rechts	*do prava*
links	*do leva*
geradeaus	*rovně*
Ich möchte ein	*Chci zapujčit*
Auto/ein Fahr-	*auto/kolo*
rad mieten	
Wir hatten	*Měli jsme nehodu*
einen Unfall	
Eine Fahrkarte	*Prosím jízdenku*
nach ... bitte!	*do ...!*
Ich möchte ...	*Potřebuji směnit*
Euro in Kronen	*... euro na koruny*
wechseln	

Hotel

Ich suche	*hledám hotel*
ein Hotel	
Ich suche ein	*hledám*
Zimmer für	*pokoj pro*
... Personen	*... osoby*
Haben Sie noch	*máte volný*
Zimmer frei	*pokoj*
– für eine Nacht	*na jednu noc*
– für zwei Nächte	*na dvě noci*
– für eine Woche	*na týden*
Ich habe	*Mám*
ein Zimmer	*reservaci*
reserviert	*na pokoj*
Wie viel kostet	*Kolik stojí*
das Zimmer	*ten pokoj?*
– mit Frühstück	*se snídaní*
– mit Halb-	*s poloviční pensí*
pension	
Kann ich das	*Mohu se podívat*
Zimmer sehen?	*na pokoj?*
Ich nehme	*Ten pokoj*
das Zimmer	*si vezmu*
Kann ich mit	*Mohu zaplatit*
Kreditkarte	*s kreditní*
zahlen?	*kartou?*
Haben Sie noch	*Máte ještě místo*
Platz für ein	*pro stan/obytný*
Zelt/einen	*přívěs*
Wohnwagen?	

Restaurant

Die Speisekarte	*jídelní lístek*
bitte	*prosím*
Die Rechnung	*platit prosím*
bitte	
Ich hätte gerne	*prosím jednu*
einen Kaffee	*kávu*

Wo finde ich	*kde jsou*
die Toiletten	*záchody*
(Damen/	*dámy/páni,*
Herren)	*ženy/muži*
Kellner/Ober	*číšník/vrchní*
Frühstück	*snídaně*
Mittagessen	*obědy*
Abendessen	*večeře*
Was können Sie	*Co nám můžete*
uns empfehlen?	*doporučit?*
Was für Nach-	*Jaké máte*
speisen gibt es?	*moučník?*
Welches Bier	*Jaké máte pivo?*
haben Sie?	
Haben Sie Pils-	*Máte Prazdroj?*
ner Urquell?	
Wo ist die	*Kde je ten*
Brauerei?	*pivovar?*
Noch eine	*Ještě jednu láhev,*
Flasche, bitte!	*prosím!*
Es war ausge-	*Bylo to výborné!*
zeichnet	

Einkaufen

Wo gibt es ...?	*Kde se dostane ...?*
Haben Sie ...?	*Máte prosím ...?*
Wie viel kostet	*Kolik to stojí?*
das?	
Das ist zu teuer	*toje moc drahé*
Geben Sie mir	*dejte mit prosím*
bitte 100 g/	*deset deka/*
ein Kilo	*jedno kilo*
Danke,	*děkuji,*
das ist alles	*to je vše*
geöffnet/	*otevřeno/*
geschlossen	*zavřeno*
Bäckerei	*pekárna*
Kaufhaus	*obchodní dum*
Markt	*trh*
Metzgerei	*řezník, maso –*
	uzeniny
Haushalts-	*domácí*
waren	*potřeby*
Lebensmittel-	*potraviny*
geschäft	
Briefmarken für	*poštovní*
einen Brief/	*známka dopis/*
eine Postkarte	*pohlednici*
nach Deutsch-	*do Německa/*
land/Öster-	*do Rakouska/*
reich/in die	*do Švycarska*
Schweiz	

Die wichtigsten kulinarischen Begriffe

A
alkoholický: alkoholisch

B
bábovka: Gugelhupf
bažant: Fasan
becherovka: Magenlikör
biftek: Beefsteak, Filet
bramborák: Kartoffelpuffer
brambory: Kartoffel
buchty: Dampfnudeln, Auszogene
buřty: Knackwurst
bylinkové máslo: Kräuterbutter

C
čaj: Tee
candát: Zander
červené zelí: Rotkraut
česnek: Knoblauch
chleba: Brot
chobotnice: Tintenfisch
cibulačka: Zwiebelsuppe
cibule: Zwiebel
citrón: Zitrone
čočka: Linse
cukr: Zucker

D
domáci: hausgemacht
dort: Torte
dr̄štky: Kutteln

G
gulaš: Gulasch

H
Hermelín: tschechischer Camembert
hlemýždi: Schnecken
hořčice: Senf
houby: Pilze
houska: Semmel
hovězí: Rindfleisch
hrách: Erbse
hranolky: Pommes frites
hruška: Birne
husa: Gans

J
jablko: Apfel
jablkový závin: Apfelstrudel

jahoda: Erdbeere
játra: Leber
jehněčí kotlet: Lammkotelett
jelení: Hirschbraten
jitrnice: Leberwurst

K
kachna: Ente
kančí: vom Wildschwein
kapr: Karpfen
karbanátek: Frikadelle
káva: Kaffee
klobása: Bockwurst
knedlíky: Knödel
koblihy: Krapfen
koláč: Kuchen
koření: Gewürze
krabí kokteil: Shrimpscocktail
králík: Hase
krkovička: Halsgrat
krůta: Truthahn
kuře: Hähnchen
květák: Blumenkohl
kyselé okurky: saure Gurken
kyselé zelí: Sauerkraut

L
lívance: Pfannengebäck
losos: Lachs
loupáček: böhmische Croissants

M
mák: Mohn
máslo: Butter
maso: Fleisch
med: Honig
minerálka: Mineralwasser
mléko: Milch
mořský vlk: Seewolf
mouka: Mehl
mrkev: Möhre

N
nápoje: Getränke
nealkoholické: nicht alkoholisch
nudle: Nudeln

O
obložené chlebíčky: belegte Brötchen

ocet: Essig
očko: Sardellenring
okurky: Gurken
olej: Öl
Olomoucké syrečky: Olmützer Quargel
omáčka: Soße
ořechy: Nüsse
ovoce: Früchte
ovocný pohár: Fruchtbecher

P
palačinky: Palatschinken
párky: Würstchen
pašík: Spanferkel
pečený: gebraten
pečivo: Gebäck
pepř: Pfeffer
perlivá voda: Selterswasser, Sprudelwasser
pivo: Bier
polévka: Suppe
pomeranče: Orange
předkrm: Vorspeise
prejt: geröstetes Hackfleisch
přílohy: Beilage
pstruh: Forelle

R
rajčata: Tomaten
rajská omáčka: Tomatensauce
rakvičky: knusprige »Särgchen mit Sahne«
řízek: Schnitzel
rohlíky: Kipfel
roštěnka: Rostbraten
ruská vejce: russische Eier
ryba: Fisch
rýže: Reis

S
salám: Wurst/Aufschnitt
salát: Salat
sardinky: Sardinen
sekaná: Hackbraten
selátko: Spanferkel
skořice: Zimt
skopová: Hammelbraten
slanina: Speck
šlehačka: Schlagsahne
slivovice: Pflaumenschnaps
smažený: paniert

smetana: Rahm, Sahne
smetana (kyselá): Sauerrahm
šopský salát: gemischter Salat mit Schafskäse
špenát: Spinat
srnčí: Rehbraten
studené: kalt
sůl: Salz
šunka: Schinken
svařene víno: Glühwein
svíčková: Lendenbraten in Sauerrahm (Nationalspeise)
sýr: Käse

T
telecí: Kalbfleisch
teplé: warm
těstoviny: Teigwaren
tlačenka: Presssack
topinky: in Öl ausgebackenes Brot als Spezialität
toust: Toast
tresčí játra: Dorschleber
třešně: Kirsche
tvaroh: Quark

U
utopenci: »ertrunkene« Würstchen im Zwiebelessig
uzeniny: Wurstwaren
uzenka: Geräuchertes

V
vánočka: Weihnachtsstollen (Hefezopf)
vejce: Ei
věnečky: gefüllte Teigkränzchen
vepřová: Schweinebraten
větrník: Windbeutel
víno bílé: Weißwein
voda: Wasser

Z
žabí stehínka: Froschschenkel
zákusek: Dessert
zavináče: Rollmops
zelenina: Gemüse
zelí: Kraut
zelňačka: Krautsuppe
zmrzlina: Eis
zvěřina: Wild
žampiony: Champignons

Nützliche Adressen und Reiseservice

ANREISE

Mit dem Auto

Die Autobahn Waidhaus (Rozvadov) über Pilsen nach Prag ist fast fertig. Tankstellen und Rastplätze haben Westniveau. Seit der EU-Mitgliedschaft werden Autos mit den Länderkennzeichen D, A, CH nicht mehr kontrolliert. Trotzdem kann es an Wochenenden und während den Ferien an den Grenzübergängen zu Staus kommen. Die wichtigsten Passierpunkte: von Berlin über Zinnwald (Zínovec), an der Achse München–Nürnberg über Waidhaus (Rozvadov), aus Passau und Salzburg liegt Bayerisch Eisenstein (Železná ruda) verkehrsgünstig. Aus Wien geht es über Nikolsburg (Mikulov), aus Linz über Wullowitz (Dolní dvořiště). An den österreichischen Grenzposten drohen im Sommer Blockaden durch Anwohner, die für Entlastungstraßen kämpfen. Entfernungen und Fahrzeiten nach Prag: Berlin 338 km, 5 Std.; München 390 km, 4 Std.; Wien 327 km, 4–5 Std. Innerhalb geschlossener Ortschaften gilt Tempo 50, auf Landstraßen 90 und auf Autobahnen 130. Die Schnellstraßen sind in der Regel gut ausgebaut und meist dreispurig.

Mautpflicht besteht auf 712 km tschechischen Autobahnen. Die Vignette (»dálnični známka«) ist sichtbar an der Windschutzscheibe laut Skizze auf der Rückseite anzubringen. Die Plakette ist in Wechselstuben an den Grenzübergängen sowie an allen Tankstellen erhältlich. Seit Mitte 2004 gibt es Änderungen bei Tarif und Gültigkeit. Für PKWs (bis 3,5 t): 15 Tage = 200 Kč, zwei Monate = 300 Kč, Jahresvignette = 900 Kč (ca. 28 €). Gültig nur mit eingetragenem Kennzeichen auf der Rückseite. Den Abrisscoupon unbedingt als Quittungsbeleg aufbewahren. Bei Verstoß gegen die Mautregel sind Strafen bis zu 5000 Kč (ca. 170 €) fällig; zahlbar sofort. Bei Strafanzeige beträgt das Bußgeld bis 15 000 Kč (ca. 500 €).

Mit dem Bus

Von Berlin, München, Nürnberg, Linz, Wien, Zürich pendeln täglich Linienbusse. Zielstation in Prag ist der Busbahnhof Florenc. Ins Zentrum führen die gelbe Metrolinie B und die rote Metrolinie C.

Mit dem Flugzeug

Tägliche Verbindungen bestehen von Frankfurt, Wien und Zürich; mehrmals wöchentlich aus Berlin, Köln, Ham-

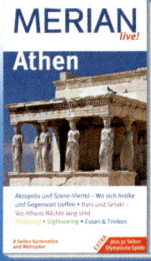
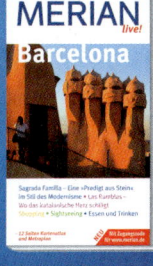

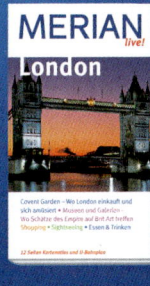
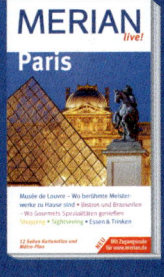
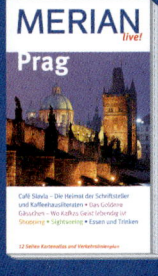
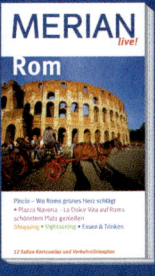
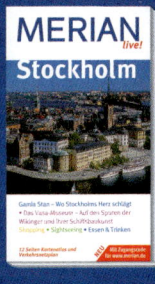

burg, Hannover und München. Mit der tschechischen Fluglinie CSA gibt es Flugangebote bereits ab 29 €. Für diesen Preis kann man nur die jeweils verfügbaren Termine buchen. Weitere Fluggesellschaften bieten günstige Verbindungen ab Stuttgart, Nürnberg, Leipzig oder Salzburg. Die Normaltarife beginnen ab circa 360 € (Hin und Rückflug). Der Prager Ruzyně-Airport liegt etwa 20 km vor der Stadt. Ein Terminal-Bus fährt direkt ins Zentrum zum Platz der Republik. Terminal CSA (Möglichkeit, das Gepäck in der Stadt einzuchecken) V celnici 5 (neben Hotel Renaissance), Tel. 2 20 10 41 11. Dort kann man in die gelbe Metrolinie B umsteigen. Ein Taxi vom Flughafen in die Altstadt kostet 20 bis 28 €. Viele größere Hotels haben außerdem Zubringerdienste.

Mit dem Zug

Die Bahn schaffte den Anschluss an gute gesamteuropäische Verbindungen. Aus Frankfurt und München zweimal täglich, aus Berlin sogar im 2-Stunden-Takt gibt es Züge nach Prag. Fahrzeiten: aus Berlin 4 1/2, aus München 6 1/2 Stunden. Die Hamburger (8 Stunden) können auch den Schlaf- oder Liegewagen nehmen. Beispiele für Fahrpreise (hin und zurück): Berlin 60 €, München 90 € (jeweils ohne Umsteigen), Köln 180 € (mit Umsteigen). Zudem gibt es günstige Senioren-, Gruppen- und Partnertarife (auch für Verliebte zum Weekend). Ankunft am Praha hlavní nádraží (Hauptbahnhof) oder im Praha-Holešovice (Vorstadt). Direkte Zugverbindungen bestehen auch nach Zürich und zweimal täglich nach Wien. Taxis stehen im Untergrund bereit.

Seien Sie nach der Ankunft mit Ihrem Gepäck auf der Hut: Prag hat eine steigende Kriminalitätsrate, und der Hauptbahnhof ist ein Tummelplatz für Diebe. Für Informationen wenden Sie sich an die PIS-Stände (Pražské informační středisko). Übrigens ist der Hauptbahnhof zugleich eine Sehenswürdigkeit. Klassischer Jugendstil, der allerdings eine Renovierung nötig hätte. In neuen Farben strahlt dagegen der zentrale Masaryk-Bahnhof. Sie kommen von dort aus mit der gelben Metrolinie B weiter zum Wenzelsplatz.

Mit dem Schiff

Wer ein bisschen mehr Zeit mitbringt, der kann Prag auch auf besonders romantische Art und Weise ansteuern – nämlich mit dem Schiff. Eine Schiffsreise an Bord der »Clara Schumann« oder »Theodor Fontane« dauert von Magdeburg aus sechs Tage. Nähere Auskünfte über aktuelle Termine und Preise erfragen Sie bei:
Viking KD Flusskreuzfahrten
Hohe Straße 68-82, 50667 Köln;
Tel. 02 21/2 58 60 Fax 25 86 10;
www.vikingkd.com

Mit dem Fahrrad

Folgen Sie dem Trend und radeln Sie durch Böhmen nach Prag. Zwei Strecken sind zu empfehlen. Die leichtere: in Pilsen vom Zug aufs Rad umsatteln. Nach dem Städtchen Beroun folgen Sie dem Fluss Berounka in einem malerischen Tal, und Sie können die Burg Karlstein nicht verfehlen. Die »Profis« strampeln von České Budějovice, Budweis, entlang der Moldau: Die Strecke ist allerdings ziemlich bergig, aber mit schönen Burgen. Straßenkarten sollten Sie unbedingt vorher besorgen.

AUSKUNFT

ČEDOK, Spezialbüro für Reisen in die Tschechische Republik

In Deutschland
Kaiserstraße 45, 60320 Frankfurt a. M.;
Tel. 0 69/2 74 01 70, Fax 0 69/23 58 90;
www.cedok.de

In Österreich
Parkring 10, A-1010 Wien; Tel. 1/
5 12 43 72, 5 12 13 74, Fax 1/5 12 43 72 85;
E-Mail: travel@cedok.at

In der Schweiz
Am Schanzengraben 11, CH 8002 Zürich;
Tel. 01/2 87 33 44, Fax 01/2 87 33 45;
E-Mail: travel@cedok.ch

In Prag
PIS – Pražká informační služba
– Nové Město, ⋯⋙ S. 114, B 14
   Na příkopě 20; Tel. 1 24 44; E-Mail:
   tourinfo@pis.cz, www.prague-info.cz;
   www.pis.cz
– Staré Město, ⋯⋙ S. 114, B 13
   im Altstädter Rathaus; Mo–Fr 8–19,
   Sa/So 8–15 Uhr; Nebenstellen am
   Hauptbahnhof, Untergrund; Metrolinie
   C bis Hlavní nádraží und im Kleinseitner
   Turm der Karlsbrücke

BUCHTIPPS
Das Bilderalbum **Mucha** entführt in
die mystische Szenerie der tschechischen Geschichte, dargestellt von Alfons Mucha (Verlag Bart/Praque).
Nur in Prag zu kaufen. Die Absurdität
der sozialistischen 40 Jahre beleuch-
tet Václav Havels **Gartenfest** (rororo,
2003). Ctibor Rybárs **Jüdisches Prag**
gibt Daten, Fakten über das einst
größte jüdische Zentrum Europas (R.
Kovar, 1992). Michael Frank: **Nepo-
muken, die auf Brücken spucken;**
Prager Hinteransichten des SZ-Korre-
spondenten (Pikus Lesereisen, 2002).

CAMPING
Caravancamp ⋯⋙ S. 85, b 1
5 km westlich, Plzeňská (E 50 Pilsen);
Tel. 2 44 46 02 69, Fax 52 16 32

Kotva ⋯⋙ S. 85, b 2
4 km südlich an der Moldau, Bráník,
U ledáren 55; Tel. 2 44 46 13 97; Tram 17

Sokol Troja ⋯⋙ S. 85, b 1
5 km nördlich, beim Schloss Troja,
Trojská 171; Tel./Fax 2 83 85 04 86

Sportcamp ⋯⋙ S. 85, b 1
8 km westlich (E 55 Karlsbad);
Tel./Fax 2 57 21 50 84
Platzgebühren 4–8 €, Zeltbungalows
und Holzhäuschen 13 €.

MERIAN-Tipp

🔟 Kampa Muzeum

Ultimative Attraktion. Ein weißes
Mühlwerk aus der Renaissance, aufregend renoviert. Auf einem Glasbal-
kon schwebt man über der Moldau,
auf dem Wehr steht ein gigantischer
Riesenstuhl. Innen avantgardistische
Objekte, Kubismus und Beispiele für
unter den Kommunisten verbotene
Kunst. Privatstiftung des tschecho-
amerikanischen Millionärs Jan Mládek.

Insel Kampa, U sovových mlýnu 503;
Tram 9, 12, 22 bis Újezd; tgl. 9–18 Uhr;
Eintritt 120 Kč ⋯⋙ S. 113, E 10

DIPLOMATISCHE VERTRETUNGEN
Deutsche Botschaft ⋯⋙ S. 112, C 10
Malá Strana, Vlašská 19; Tel. 2 57 11 31 11,
Fax 2 57 53 40 56; Metrolinie A bis Malo-
stranská, Tram 22; Mo–Fr 9–12 Uhr

Botschaft der Republik Österreich
⋯⋙ S. 113, D 12
Smíchov, Viktora Huga 10; Tel.
2 57 09 05 11, Fax 2 57 31 60 45; Metrolinie B bis Anděl; Mo–Fr 9–12 Uhr

Schweizer Botschaft ⋯⋙ S. 108, B 3
Střešovice, Pevnostní 7; Tel. 20 40 06 11,
Fax 2 24 31 13 12; Metrolinie A bis Hrad-
čanská, Tram 18 Endstation; Mo–Fr 9–12
Uhr

FAX
Sie können sich zur Prager Hauptpost
(Jindřišiká 14 ⋯⋙ S. 114, C 14) ein Fax
»poste restante« schicken lassen.
Nummer mit Landesvorwahl:
+42 0/2 21 13 14 02

FEIERTAGE
1. Jan. Neujahr und Tag der Staats-
erneuerung
Ostermontag
1. Mai Maifeiertag
8. Mai Tag der Befreiung
5. Juli Slawische Heilige Cyril und
Method

6. Juli Gedenktag Jan Hus
28. Sept. Tschechischer Staatserklä-
rungstag
28. Okt. Tag der Unabhängigkeit
17. Nov. Tag der Freiheit und Demo-
kratie (»Samtene Revolution« 1989)
24., 25. und 26. Dez. Weihnachten

FOTOGRAFIEREN
Sehenswürdigkeiten sind inzwischen
»fotogeschützt«. Die Verbotsschilder
hängen überall, und das Personal
wacht mit Argusaugen, dass nicht
mal ein Balkon im Innenhof abgelich-
tet wird. Umso größer ist der Berg
käuflicher Prospekte an den Kassen.

Kodak Express
Farbbilder in 1 Std. entwickelt.
Staré Mesto, Celetná 3   ····⟩ S. 114, B 14
Metrolinie A bis Staroměstská
Zentrum, Narodní 39   ····⟩ S. 114, A 15
Metrolinie B bis Národní třída

FUNDBÜRO
Dokumente   ····⟩ S. 115, östl. F 16
Polizei
Olšanská 2; Tel. 2 21 21 11 11; Metrolinie
A bis Flora

Sachverluste
Ztráty a nálezy   ····⟩ S. 113, F 10
Karoliny Světlé 5; Tel. 2 24 23 50 85;
Metrolinie B bis Národní třída

GELD
Seit 1. Mai 2004 EU-Mitglied, aber
noch kein Euroland. Die Tschechen
rechnen damit, dass sie bis 2008 die
strengen Währensauflagen aus Brüssel erfüllen. Bis dahin bleibt die
tschechische Krone im Umlauf. Sie ist
unterteilt in Heller, **halíře**, und Kronen, **koruny**. Scheine gibt es im Wert
von 10, 20, 50, 100, 200, 500, 1000
und 2000 Kronen, als Münzen 1, 2, 5,
10 und 20 Kronen (derzeit bekommen
Sie etwa 30 Kronen für 1 €). Vermehrt
gibt es auch Bankomaten, bei denen
Sie sich mit Ihrer Kreditkarte und per-
sönlicher Geheimnummer Bargeld
besorgen können.

Zwischen den Banken und Wechselstuben gibt es erhebliche Kursun-
terschiede. Wer nur kleine Beträge
wechselt, wird über die Nebenkosten
entsetzt sein. Als seriöses Geldinsti-
tut gilt die Živnostenská banka (Ge-
werbebank) im Zentrum, Na příkopě

Wechselkurse		
Kronen	Euro	Franken
5	0,17	0,26
10	0,33	0,51
30	0,99	1,53
50	1,65	2,55
100	3,30	5,10
250	8,25	12,75
500	16,50	25,50
750	24,75	38,25
1000	33,00	51,00
2000	66,00	102,00
3000	99,00	153,00
5000	165,00	255,00
10 000	330,00	510,00

Stand: Januar 2005

Nebenkosten (umgerechnet in €)	
	1 Tasse Kaffee............1,50
	1 Bier.........................1,20
	1 Cola........................1,00
	1 Brot (ca. 500g).........1,20
	1 Schachtel Zigaretten 2,00
	1 Liter Normal-Benzin . 1,00
	Öffentl. Verkehrs-mittel (Einzelfahrt)......0,30
	Mietwagen/Tag ...ab 40,00

20. Am teuersten ist der Geldverkehr beim Chequepoint.

Wechselstuben Tag und Nacht
Chequepoint
– Nové Město, ┈┈⟩ S. 114, B 14
Václavské náměstí 1
– 28. října 13 ┈┈⟩ S. 114, B 14
Metrolinie A und B bis Můstek
– Staré Město, ┈┈⟩ S. 114, B 13
Staromestské Námestí; Metrolinie A bis
Staromestská; tgl. 8–23 Uhr

Berliner Bank AG ┈┈⟩ S. 113, F 11
Nové Město, Národni 10

Deutsche Bank AG ┈┈⟩ S. 113, F 11
Nové Město, Národni 10

Bei **Kreditkarten** sind Sie mit der American Express gut bedient. Auch Mastercard und VISA werden meist akzeptiert.

American Express
– Václavské náměstí ┈┈⟩ S. 114, B 14
Tel. 2 22 80 01 11; tgl. 9–19 Uhr
– Mostecká 12 ┈┈⟩ S. 113, E 10
(Karlsbrücke Kleinseite);
tgl. 9.30–19.30 Uhr
bei Verlust: Tel. 2 22 80 02 22;

Mastercard/Visa
Tel. 2 72 77 11 11

INTERNET
E-Mails checken mit Cappuccino und Donuts im Internet-Sandwich Café. Es gibt hier Lunchpakete für unterwegs:
www.bohemiabagel.com
Auch online zu bestellen.
Staré Město, Masná 2 (hinter der Teyn-Kirche); Metrolinie A bis Staromestská, tgl. 7–24 Uhr

Interessante Webseiten:
www.czech-tourist.de
Offizielle Homepage des Fremdenverkehrsbüros.
www.prague-info.cz oder **www.pis.cz**
Prager Informationsdienste. Von Auskunft bis Zoo.

www.czech.de
Offizielle Homepage des tschechischen Auswärtigen Amtes. Basisinfos über das Land.
www.pragerzeitung.cz oder
www.praguepost.com
Online Zeitungen lesen. Erscheint wöchentlich. Mit aktuellem Kurs von Euro und Dollar (Englisch).
www.heartofeuropa.cz
Die komplette Topografie aller Prager Kulturobjekte, Daten und Termine. Monatlich aktualisiert (nur in Englisch). Mit Tipps!
www.zamky-hrady.cz
Burgen und Schlösser mit Geschichte, Lageplan und Öffnungszeiten.
www.vlak-bus.cz
Die tschechische Bahn- und Busbetriebe informieren über ihre Fahrpläne, Tarife und Verbindungen.
www.dp-praha.cz
Alles über U-Bahn, Tram und Bus direkt von den Prager städtischen Verkehrsbetrieben.
www.mujweb.cz
Der Jazzclub Metropolitan informiert. Über die Links gelangt man weiter in die Live-Szene.
www.radio.cz
Hintergrundberichte, Reportagen, Interviews mit aktuellen Themen zum Nachlesen. Eine Fundgrube für Recherchen. Kostenlos.

KARTENVORVERKAUF
Bohemia Ticket ┈┈⟩ S. 114, A 14
Staré Město, Malé námestí 13 oder Nové Město, Na Příkopě 16; Tel. 2 24 22 78 32, 2 24 23 77 27, Fax 2 24 21 81 67;
www.bohemiatiket.cz; Mo–Fr 9–17, Sa 9–13 Uhr

KLEIDUNG
Wenn Sie nicht gerade zum Opernbesuch nach Prag fahren, brauchen Sie keine große Garderobe. Für den Besuch des Casinos wird nur bei Herren das Tragen eines Sakkos verlangt. In Turnschuhen kein Einlass in bessere Diskotheken, die Krawatte ist abends in Restaurants der Luxusklasse gern

gesehen, aber ein Knitteranzug von Armani hat die gleiche Wirkung. In den Kirchen gelten römisch-katholische Sitten, schulterfrei und in kurzen Hosen besucht man diese Orte nicht. Sonst gibt sich Prag modisch.

KRIMINALITÄT

Die neue Freiheit zeigt mitunter unerfreuliche Nebenwirkungen. Die Kriminalität steigt. Die meisten Obdachlosen treiben sich im Revier um den Hauptbahnhof rum. Nach Schätzungen gibt es in Prag schon 10 000 Obdachlose (die wenigsten im ganzen ehemaligen Ostblock, in Budapest zweimal, in Moskau zehnmal mehr). Die Polizei ermittelte inzwischen 57 Jugendbanden in Prag. Auf deren Konto geht die Hälfte aller Autodiebstähle.

In der Statistik der Taschendiebstähle führt die St.-Veits-Kathedrale. Der einsame Rekord: An einem einzigen Juni-Sonntag wurden hier über 150 Touristen bestohlen (Quelle: Pressebericht).

MEDIZINISCHE VERSORGUNG

Apotheke, 0–24 Uhr   ⸱⸱⸱⟩ S. 114, B 14
Nové Město, Na príkope 7; Tel. 2 22 00 81, 2 26 81 26; Metrolinie A und B bis Můstek

Apotheken, bis 24 Uhr geöffnet
– Nové Město   ⸱⸱⸱⟩ S. 114, B 14
Václavské námestí 8; Tel. 2 26 10 08; Metrolinie A und B bis Můstek
– Staré Město   ⸱⸱⸱⟩ S. 114, A 14
Malé Námestí 13; Tel. 22 26 74 37; Metrolinie A bis Staroměstská

Ärztedienst für Ausländer,
24 Stunden besetzt   ⸱⸱⸱⟩ A 21, S. 118
Poliklinik der Karlsuniversität
Nové Město, Karlovo námestí 32; Metrolinie B bis Karlovo námestí

Erste Hilfe rund um die Uhr
                          ⸱⸱⸱⟩ S. 117, F 17
Palackého náměstí 5; Tel. 2 24 22 25 50; Metrolinie B bis Karlovo námestí, Tram 17, 22

Zahnärztliche Bereitschaft
                          ⸱⸱⸱⟩ S. 117, F 17
Palackého náměstí 5; Tel. 2 24 94 69 81

NOTRUF
Arzt, Unfall: 155
Feuerwehr: 150
Polizei: 158
Erste Hilfe: 37 33 33

PANNENHILFE
Žlutý andělé (»Gelbe Engel«)
In Prag: 1230, 1240
Autobahn: 01 23
Abschleppdienst: 2 71 74 54 30

PARKEN
Vorsicht Radkralle! Fast die gesamte Altstadt, Kleinseite und Teile der Innenstadt sind beim Parken nur den Benutzern von Sondergenehmigungen vorbehalten. Also kein Platz für Touristen und auch keine Nachsicht. Die Polizeistreife fährt regelmäßig um den Block und montiert bei Falschparkern sofort »botičky« = Schuhchen, um das Vorderrad zu blockieren. Die Strafe beläuft sich auf etwa 40 €. Parkhäuser befinden sich beim Rudolfinum, Kaufhaus Kotva, am Hauptbahnhof (mit Metro) und in der Tiefgarage des Nationaltheaters (2 € pro Stunde).

POST
Die Postämter haben Mo–Fr 8–18 und Sa 8–12 Uhr geöffnet. Das Hauptpostamt beim Wenzelsplatz ist rund um die Uhr besetzt. Postkarten und Briefe ins Ausland frankiert man mit Wertmarken für 9 Kč.

Hlavní pošta   ⸱⸱⸱⟩ S. 114, C 14
Nové Město, Jindřišská 14 (knapp 200 m vom Wenzelsplatz); Tel. 2 21 13 11 11; Metrolinie A und B bis Můstek

Privatkurierdienst

DHL   ⸱⸱⸱⟩ S. 114, C 13
Nové Město, Na poříčí 4;
Tel. 2 20 51 11 33

Federal Express ⤳ S. 119, östl. F 24
Krč, Olbrachtova 1; Tel. 2 44 00 22 00

REISEDOKUMENTE

Für Deutsche reicht der Personalausweis, beim Fliegen empfiehlt sich der Reisepass (wg. Aufenthaltsvermerk). Österreicher und Schweizer benötigen einen Reisepass. Kinder müssen entweder in den Dokumenten der Eltern eingetragen sein oder einen Kinderausweis mit Lichtbild haben.

REISEKNIGGE

Sparta Prag spielt in der Champions‘ League. Die Fußballfans sind gut beraten, nicht grölend über die Karlsbrücke zu ziehen und wüste Lieder zu singen. Bei der älteren Generation erwachen schnell unliebsame Erinnerungen an die Nazi-Zeit. Aus dem selben Grund sollten Sie auch nicht »Tschechei« sagen. Auch Böhmen ist veraltet und nur noch literarisch anwendbar. Richtig heißt es: Tschechien, noch besser: Tschechische Republik. So viel zu den Ressentiments.

Generell: Wer auf Prags Straßen schreit, auf die Statuen zwecks Fotos klettert, gilt als Barbar – verständlich. Die Prager leiden unter dem unverhältnismäßig hohen Anteil an Rucksack-Touristen. Als solcher wird man überall abkassiert und geneppt. Wer sich elegant anzieht, hat mehr von der aufstrebenden Stadt. Richtig gestylt sitzt man auf Designer-Plätzen in der ersten Reihe.

Das Thema Kommunismus ist für die meisten Prager abgehakt. Darüber Diskussionen anzuzetteln sollte man akademischen Kreisen überlassen. Die hübschen Pragerinnen flirten gern, was aber nicht heißt, dass sie auch käuflich sind. Auf richtiges Augenmaß achten. Die Zeit der »Strumpfhosen-Onkel« aus dem Westen ist vorbei. Dass die Prager oft den Eindruck erwecken, nicht sehr gesprächig zu sein, erklärt sich durch ihre Einstellung: Sie sind nicht gerade freundlich, aber menschlich. Die Kommunikation ist sehr direkt. »Ich bin doch nicht blöd« könnte der Prager Lokalspruch sein. Und Humor sollte man haben.

REISEZEIT

Wenn möglich, die Monate Juli und August wegen des erhöhten Besucheraufkommens meiden. Angenehmer sind die Frühlingsmonate April bis Juni, wenn Prags Gärten blühen. Der Herbst gibt der Stadt mit seinen Farben eine etwas melancholische Atmosphäre, der November ist oft neblig. Zu Weihnachten herrscht eine besondere Stimmung, traditionsbewusst und altböhmisch. Der Winter in Prag ist mild und, falls es Schnee geben sollte, auch sehr malerisch. Sie erleben die Stadt dann fast ohne Touristen. Weil sich die Prager oft kaum mehr ihr Prag leisten können, sind Sie manchmal in den Kneipen der einzige Gast.

RUNDFUNK

Privatstationen senden Programme in Deutsch und Englisch. Mit Musik, Nachrichten und Verkehrsmeldungen. Populär sind Radio 90,3 FM und VOX, 101,5 FM.

SCHUHREPARATUR

BOTEX Markthalle ⤳ S. 114, B 14
(Staroměstská tržnice)
Staré Město Rytířská 10; Metrolinie A, B: Můstek; Mo–Fr 7.30–18.30, Sa 9–14 Uhr

SPIELBANKEN UND SPIELAUTOMATEN

Prag ist im Roulette-Fieber. Baccara-Tische in Luxushotels, Gewinnautomaten in Jugendstilcafés, und was in Las Vegas fehlt: ein Casino in echtem Rokokopalast. Beim Grafen Sylva-Tarouca, in seiner 1748 erbauten Residenz, rollt die Kugel. Kristalllüster, holzverkleidete Wände, Stuck an der Decke. Das Ambiente erinnert an Schwejk. Sein Oberst Dub hätte sich in diesem Milieu wohl gefühlt.

Casino Palais Savarin ⤳ S. 114, B 14
Nové Město, Na příkopě 10; Metrolinie A und B bis Můstek; tgl. 13–3 Uhr

U Nováku   ⸱⸱⸱⸱⟩ S. 114, B 15
Früher ein Café mit Billard und wilden Dixie-Parties, jetzt rattern hier die Automaten. Die Fassade im Art-déco-Stil ist wunderschön.
Nové Město, Vodičkova 28–30; tgl.
16–4 Uhr; Metrolinie A und B bis Můstek

SPORT

Golf
Warten auf einen tschechischen Tiger Woods. Der Abschlag hat hier eine lange Tradition. Nach der Wende boomt das Spiel mit dem weißen Ball wieder. Die zwei Prestigeclubs sind:

Golf Club Praha   ⸱⸱⸱⸱⟩ S. 85, b 1
Gegründet 1926 als erster Platz der Republik, 5510 m, 9 Loch, Par 70.
Prag 5 (Motol) Plzenská ulice 215;
E 50 nach Pilsen;Tel./Fax 2 57 21 65 84;
www.gcp.cz

Karlštejn Golf Club   ⸱⸱⸱⸱⟩ S. 85, b 2
Auf einem Hügel, mit fabelhaften Blick auf Burg Karlstejn; 6304 m, 18 Loch, Par 72.
Belec 280, 26727 Liten; Tel. 3 11 60 49 91,
Fax 3 11 68 47 17; www.karlstejn-golf.cz

Pferderennen   ⸱⸱⸱⸱⟩ S. 117, südl. F 20
Volks-Ascot in Prag. Die Wettleidenschaft lodert auf der Bahn Chuchle.
12 km vom Zentrum auf der Autobahn am linken Moldauufer, Richtung Zbraslav;
Tel. 54 04 06; Metrolinie B bis Smíchovské nádraží (Bahnhof Smíchov), Bus 129

Sazka Arena   ⸱⸱⸱⸱⟩ S. 115, östl. F 14
Rund wie ein Kochtopf: Die modernste Mehrzweckhalle Europas für die Eishockey-WM 2004 in einer Rekordzeit von nur zwei Jahren erbaut. Die Eisfläche kann über Nacht zur Theaterbühne verwandelt werden: mit Wüstensand für die Verdi-Oper Aida. Kapazität: Sechs Etagen, 18 000 Zuschauer, 3400 Parkplätze. Außerhalb von Events nur Gruppenbesichtigung ab zehn Personen möglich.
Zelený ostrov (Grüne Insel), Vysocany,
Tel. 2 66 12 11 32; www.sazkaticket.cz,

www.sazkaarena.cz, Metrolinie B bis Českomoravská

Schwimmen

AXA   ⸱⸱⸱⸱⟩ S. 114, C 13
Nostalgie: Kraulen im Bassin, 25 m, sechs Bahnen, im 30er-Jahre-Stil.
Zentrum, Na porici 40; Tel. 2 22 32 39 67;
Metrolinie B bis Florenc; Mo–Fr 6–9,
17–22 Uhr, Sa, So 9–21 Uhr; Eintritt 1 Kč pro Minute.

Plavárna Podolí   ⸱⸱⸱⸱⟩ S. 118, B 24
Ein Wasserstadion mit einem Algarve-Hang und Moldau-Blick: drei Becken, ein Olympiapool 50 x 21 m, Sprungbrett 2,2 und 5 m. Warmbecken, Sonnenwiesen, Sauna, Dampfbad.
Praha 4, Podolská 74; Tram 17 bis
Plavárna Podolí; Telefon: 2 41 43 39 52;
tgl. 6–22 Uhr; Eintritt: 60 Kč

SPRACHE

Zungenbrecherisch! Wenige Vokale. Aber der Tscheche kann's trotzdem fließend: Strč prst skrz krk – was so viel heißt wie »Stecke den Finger durch den Hals«. Nicht verwechseln sollte man das tschechische »na zdraví« mit dem russischen »nazdarovje« (die Betonung ist auch anders). Die langen Ortsbezeichnungen kürzt man sehr gerne ab.
Altstädterring: Staromák
Wenzelsplatz: Václavák
Wilsonovo nádrázi (Hauptbahnhof): Wilsonák
Automarke Škoda: Škodovka
   Fürs Bier gibt es auch sympathische Umschreibungen: pivo, pivko, pivíčko, pivčo. Der Biertrinker ist ein pivař. Die Nachnamen der Frauen erhalten die Nachsilbe -ová. Konsequent auch bei Ausländerinnen: Claudia Schifferová, Steffi Grafová, Verona Feldbuschová oder Madeleine Albrightová (die ehemalige US-Außenministerin ist sogar tschechischer Abstammung). Wenig schmeichelhaft ist die Bedeutung des tschechischen Wortes für Deutsche: nemci – die Stummen!

Und Sie trauen Ihren Ohren nicht: Freunde grüßen sich mit dem hanseatischen: »Ahoi!« – die Moldau mündet auch via Elbe in die Nordsee.

STADTRUNDFAHRTEN

An jeder Ecke findet man Büros, die Ihnen Prag auf besondere Weise zeigen wollen: per Bus, Fiaker, Droschke, Oldtimer oder Stretchlimousine. Rundfahrten gibt es ab 200 Kč in der Bimmelbahn, ab 350 Kč im Bus.

ČEDOK   ┈┈⟩ S. 114, B 14
Staré Město, Na příkopě 18; Tel.
2 24 19 72 42, 2 24 19 76 15
Josefov, Pařížská 6–8; Tel. 2 22 31 43 02,
2 22 32 72 16

Tschechische Zentrale für Tourismus   ┈┈⟩ S. 114, A 15
Info-Stand in Prag (über Land, Kultur und Produkte).
Staroměstské nám. 6; Tel. 2 24 66 15 66;
www.praha.cz, www.visitczech.cz;
Metrolinie A bis Staroměstská

Besonders bequem geht es im Oldtimerbus durch Prag. Auf weichen Ledersitzen schaukeln Sie an Prags Sehenswürdigkeiten vorbei. Anmeldung bei:

Martin Tour   ┈┈⟩ S. 114, C 13
Diese Agentur veranstaltet auch Ballonfahrten und Rundflüge. Straßenstand gegenüber dem Repräsentationshaus.
Námestí Republiky 5; Tel. 2 24 23 97 52;
Metrolinie B bis Námestí Republiky

STROMSPANNUNG
220 V, kein Adapter für Stecker nötig. Falls Sie privat wohnen, erkundigen Sie sich nach der örtlichen Elektrik.

TELEFON UND HANDY
Vorwahlen
D, A, CH → Prag +420
Prag → D +49
Prag → A +43
Prag → CH +41

Verkauf von Telefonkarten: Zeitungskioske, Hotelrezeptionen, Post. Es gibt 50 oder 100 Einheiten für 150 bzw. 300 Kč. Für längere Telefonate ins Ausland lohnt der Weg zum Postamt, weil es dort einen günstigeren Grundtarif gibt. Sie können Ihr Handy ohne Bedenken mitnehmen, es funktioniert in Prag völlig problemlos.

TRINKGELD
Die Preise auf der Speisekarte verstehen sich inklusive Bedienung. Die Kellner der Luxusklasse erwarten dennoch wie in Deutschland etwa 10 % der Gesamtsumme. In volkstümlichen Lokalen wird Ihnen auf Heller und Pfennig genau zurückgegeben. Man sollte jedoch das Kleingeld bei der Rückgabe aufrunden. Obligatorisch sind 2 bis 5 Kč für die Benützung der Toiletten.

VERKEHRSREGELN
In der Tschechischen Republik gilt: Null-Promille. Die Strafen bei Ausländern fallen unterschiedlich aus: Mal lässt sich's mit Bestechung am Ort erledigen, mal wird der Führerschein tatsächlich eingezogen. Ein guter Tipp: Lassen Sie Ihr Auto nachts grundsätzlich stehen! Tempolimits: Ortschaft 50 km/h; Landstraße 90 km/h; Autobahn 130 km/h.

VERKEHRSVERBINDUNGEN
Es gibt Stadtautobahnen wie in einer amerikanischen Metropole, Überführungen und mehrstöckige Kreuzungen: In acht Spuren rollt der Verkehr am Hauptbahnhof, an der Staatsoper und dem Nationalmuseum vorbei. Sogar ein ganzer Stadtteil (Nusle) wird von einer Brücke überspannt.

Autofahren in Prag
Vorsicht: keine Gegenstände im Auto zurücklassen. Radios und Stereoanlagen werden häufig gestohlen, die Scheiben dafür zerschlagen. Die nächste Parkmöglichkeit zum Hradschin finden Sie auf der Rückseite des

Burgberges am **Pohořelec** (ab 40 Kč).
Die Einfahrten zum Burgareal selbst
sind für den Autoverkehr gesperrt.
Auch auf den Zufahrtsstraßen dorthin
herrscht generelles Halteverbot.
Wichtigste Faustregel: Rückspiegel
stets im Auge behalten – von hinten
kommt immer eine Tram!

Tram
Ein derart engmaschiges Schienen-
netz hat kaum eine andere Stadt.
Man kann mit der Tram auch richtige
Stadtrundfahrten machen. Die 17
fährt von **Vyšehrad** vorbei an **Nationaltheater, Karlsbrücke, Rudolfinum**
über die Jugendstilbrücke **Svatopluk-
Čech** zur Endstation Kulturpark; Bus-
anschluss zum **Zoo**.
  Die Fahrt mit der Trambahnlinie
22 geht an einer ganzen Reihe von
historischen Schauplätzen vorbei.
Vom Karlsplatz (**Karlovo náměstí**)
kommend, überquert sie beim Nationaltheater die Moldau und biegt nach
der Brücke auf die Kleinseite ein. Sie
schlängelt sich hoch zur Burg, hält an
der Pulverbrücke, nur 300 m von der
St.-Veits-Kathedrale entfernt, und
rollt weiter zum Kloster Strahov.

Metro
Einzelfahrkarten zu 8 Kč für Tram oder
Bus gelten 15, in der Metro 30 Minuten bis zu vier Stationen ohne Umsteigen. Für 12 Kč löst man Fahrkarten zu
allen Zielen in eine Richtung, die innerhalb einer Stunde mit Umstei-
gemöglichkeiten erreichbar sind.
Beliebig viele Fahrten enthalten die
24-Stunden-Tickets zu 70 Kč. Es gibt
außerdem Karten für 3 Tage (200 Kč),
7 Tage (250 Kč), 15 Tage (280 Kč), jeweils mit Namen ausgefüllt und in
Verbindung mit einem Ausweis gültig. Alle Fahrkarten müssen abge-
stempelt werden.

Bus
Für den Prag-Besucher ist der Bus
fast ohne Bedeutung, denn die Busse
fahren meist von den Endstationen der
Tram weiter in die Vorstädte. Wichtig
ist nur die Nummer **112** zum Zoo.

Taxi
Machen Sie sich bei den Prager Taxi-
fahrern auf einiges gefasst. Erst wollen sie gar nicht fahren, dann verlan-
gen sie überhöhte Preise, plötzlich
funktioniert der Taxameter nicht, und
am Ende soll man auch noch mit De-
visen zahlen. Jede Taxi-Firma hat individuelle Tarife (keine gesetzliche Re-
gelung). Einzige Vorschrift: Die Preise sollen an der Wagentür stehen.
Telefonische Bestellungen: AAA, Tel.
1 40 14; Halo Taxi, Tel. 2 44 11 44 11;
City Taxi, Tel. 2 57 25 72 57.

Erdseilbahn ♛♟   ┈┈┊ S. 112, D 11
Eine echte Prager Kuriosität: Die Wa-
gen laufen auf Zahnrädern und werden von einem Drahtseil gezogen. Die
Bahn fährt von der Straßenbahnhal-
testelle Újezd (Tram 6, 9, 12, 22) zum
Berg Petřín und macht Zwischensta-
tion beim Restaurant Nebozízek. Der
Fahrpreis beträgt 12 Kč (tgl. 9.15–
20.45 Uhr).

Zeitungen
Sogar Profis aus New York haben in
der Vergangenheit ihre Schreibtische
gewechselt, um knallhart *The Prague
Post* zu machen. Ausführliche Pro-
grammhinweise, Termine und noch
mehr Tipps finden Sie im *Prag Reiseführer*, der jeden Monat neu aufge-
legt wird.

Zoll
Es gelten folgende Mengenbeschrän-
kungen pro Person: 200 Zigaretten,
1 l Spirituosen, 2 l Wein. Der tschechische Zoll prüft die Ausfuhr von Antiquitäten. Dabei wird die Rechnung
verlangt. Wer als Ausländer in Tschechien produzieren lässt, zahlt keine
Mehrwertsteuer (DPH). Allerdings
muss es eine Zollbestätigung geben,
sonst muss die tschechische Firma
wegen Hinterziehung von Mehrwertsteuer einen Strafzoll zahlen.

Kartenatlas

Orientierung leicht gemacht: mit Planquadraten
und allen Orten und Sehenswürdigkeiten.

Legende

Spaziergänge

o—•—>	Kafkas Prag (S. 72)
o—•—>	Der Königsweg (S. 74)
o—•—>	Das jüdische Prag (S. 78)
o—•—>	Die Kleinseite (S. 80)

Sehenswürdigkeiten

10	MERIAN-TopTen
10	MERIAN-Tipp
▭	Sehenswürdigkeit, öffentl. Gebäude
✳	Sehenswürdigkeit Natur
♗ ♗	Kirche; Kloster
♖ ♜	Schloss, Burg; Ruine
✡	Synagoge
🏛	Museum
𝔸	Denkmal

Verkehr

═══	Autobahn
═══	Autobahnähnliche Straße
───	Fernverkehrsstraße
───	Hauptstraße
───	Nebenstraße
───	Unbefestigte Straße, Weg
	Fußgängerzone
P	Parkmöglichkeit
B H	Busbahnhof, Bushaltestelle
〽	Metrostation
ČSD	Bahnhof
⚓	Schiffsanleger
✈ ⊕	Flughafen, Flugplatz
+—+—	Zahnradbahn

Sonstiges

🛈	Information
☻	Theater
⚖	Markt
🐾	Zoo
▢	Botschaft, Konsulat
✳	Aussichtspunkt
> >	Schleuse
† †	Friedhof
L L	Jüdischer Friedhof

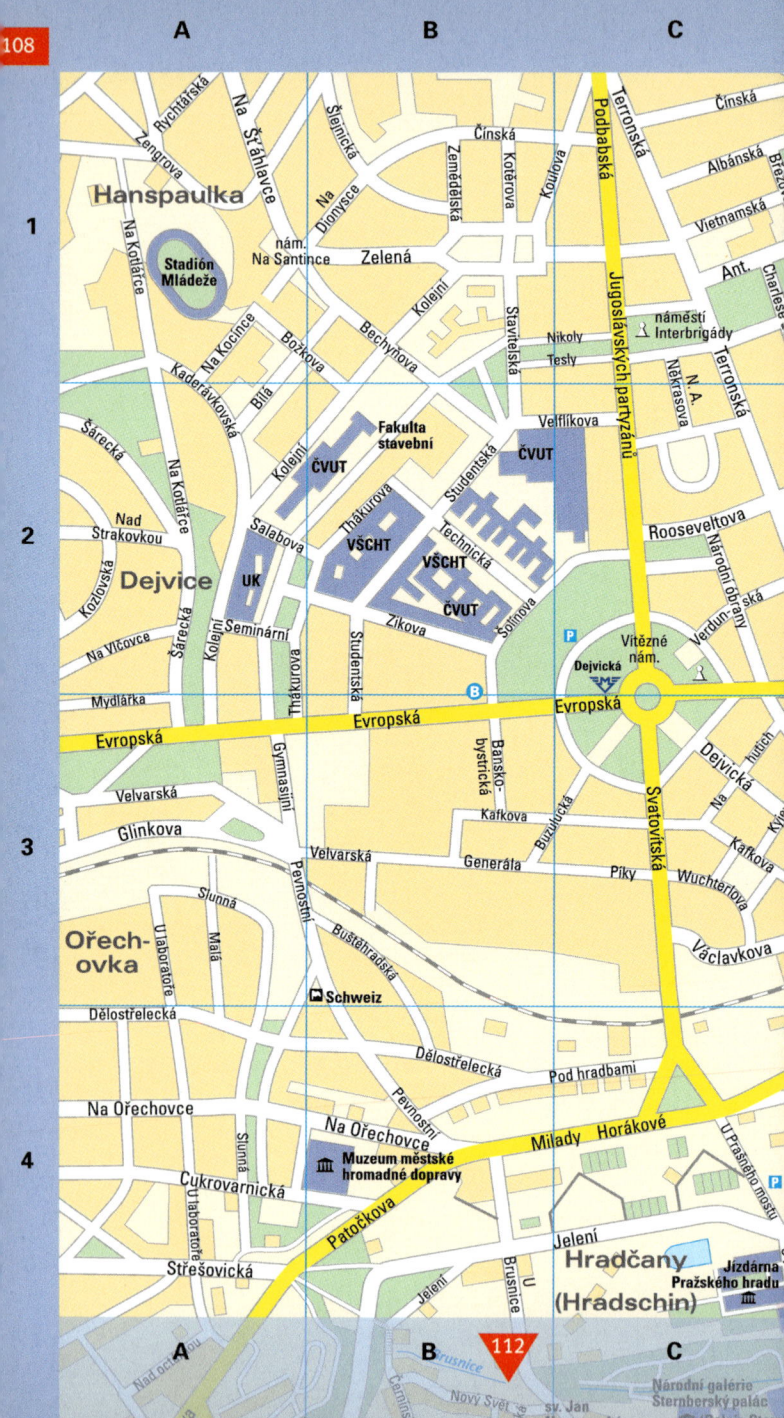

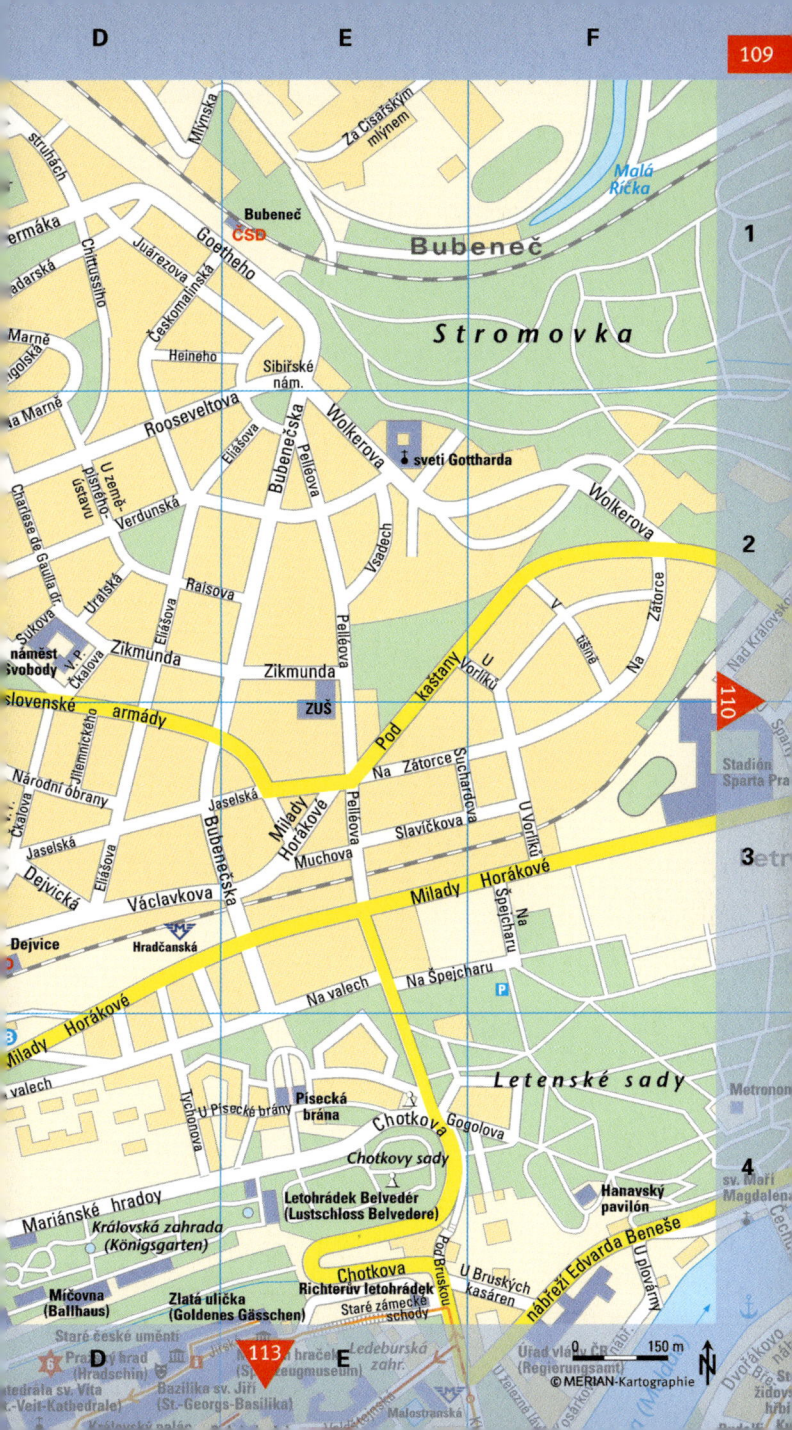

1

Mlýnská

Za Císařským mlýnem

Malá Říčka

Bubeneč
ČSD

struhách

rmáka

adarská

Juárezova

Goetheho

Bubeneč

Chittussiho

Českomalínská

S t r o m o v k a

Marně
golská

Heineho

Sibiřské nám.

na Marně

Roosveltova

Eliášova

Bubenečská

Pelléova

Wolkerova

2

U země-
pistného
ústavu

Charlase de Gaulle tř.

Verdunská

Vsadech

✝ sveti Gottharda

Wolkerova

Uralská

Raisova

Eliášova

Pelléova

v třšná

Na Zátorce

Na Králová

náměst
svobody

U P
Čkalova

Zikmunda

Zikmunda

Pod kaštany

U Vorlíků

U

110

Stadión
Sparta Pra

slovenské armády

Jugmanického

ZUŠ

Na Zátorce

Suchardova

3

Národní obrany

Jaselská

Milady
Horákové

Pelléova

Slavíčkova

U Vorlíků

etr

Jaselská

Eliášova

Bubenečská

Muchova

Milady Horákové

Na Špejcharu

Dejvická

Václavkova

Dejvice

Hradčanská

Na valech

Na Špejcharu

P

Milady Horákové

valech

Tychonova

U Písecké brány

Pisecká
brána

Chotkova

Gogolova

Letenské sady

Metronon

4

Mariánské hradby

Královská zahrada
(Königsgarten)

U Písecké brány

Chotkovy sady

Letohrádek Belvedér
(Lustschloss Belvedere)

Pod Bruskou

Hanavský
pavilón

sv. Maří
Magdalena

Čecha

Míčovna
(Ballhaus)

Zlatá ulička
(Goldenes Gässchen)

Chotkova

Richterův letohrádek
Staré zámecké
schody

U Bruských
kasáren

nábřeží Edvarda Beneše

U plovárny

Staré české umění
Pra ý hrad
(Hradschin)
dráce sv. Víta
-Veit-Kathedrale)
Královský palác

6

D

Bazilika sv. Jiří
(St.-Georgs-Basilika)

113

hraček
(S   zeugmuseum)

E

Ledeburská
zahr.

Malostransk

Úřad vlá v ČR
(Regierungsamt)

U Železná

Dvořákovo

židov
hřbi
K

kotva

150 m

© MERIAN-Kartographie

N

A B C

5

Bubeneč

S t r o m o v k a

výstav

Průmyslový palać

Lapidárium Nar. muzeum

Planetarium

6

Akademie výtvarných uměni

Nad Královskouoborou

U akademie

Gerstnerova

†

Strojnická

Nad Královskouoborou

Žalice

Havanská

Čechova

Šmeralova

Ovenecká

Kamenická

Malířská

Umělecká

Sochařská

U stu-dánky

Korunovační

Sládkova

Keramická

Veletržní

Haškova

Františka Křížka

U Sparty

Jana-

Na výšinách

U letenské vodárny

Milady Horákové

Kamenická

Heři

po

109

Stadión Sparta Praha

Milady Horákové

Jirečkova

Milady

Vina

Ministerstvo vnitra

Nad

Dobrovského

U letenského sadu

Letohradská

Kamenická

Františka Křížka

7

Letná

Štolou

Ovenecká

Letohradská

Letenský

Muzejní

Štolou

Národní technické muzeum (Techn. Nationalmuseum)

Kostelní

základní škola

tunel

P

Letenské sady

P

Metronom

nábřeží Edvarda Beneše

domek u Rudolfovy štoly

Švermův most

Vltava (Moldau)

8

sv. Maří Magdaléna

P

nábřeží Ludvíka Sv

P

Čechův most

Na Františku

Klášterská

Rásnovka

Hradení

Poštovní muze (Postmuseum)

nám. Curieových

Kozí

sv. Šimon a Juda

Anežský klášter (Agnes-Kloster)

sv. Kliment

Klimentsk

Církev bratrsk

A B C

114

Josefov (Josefstadt)

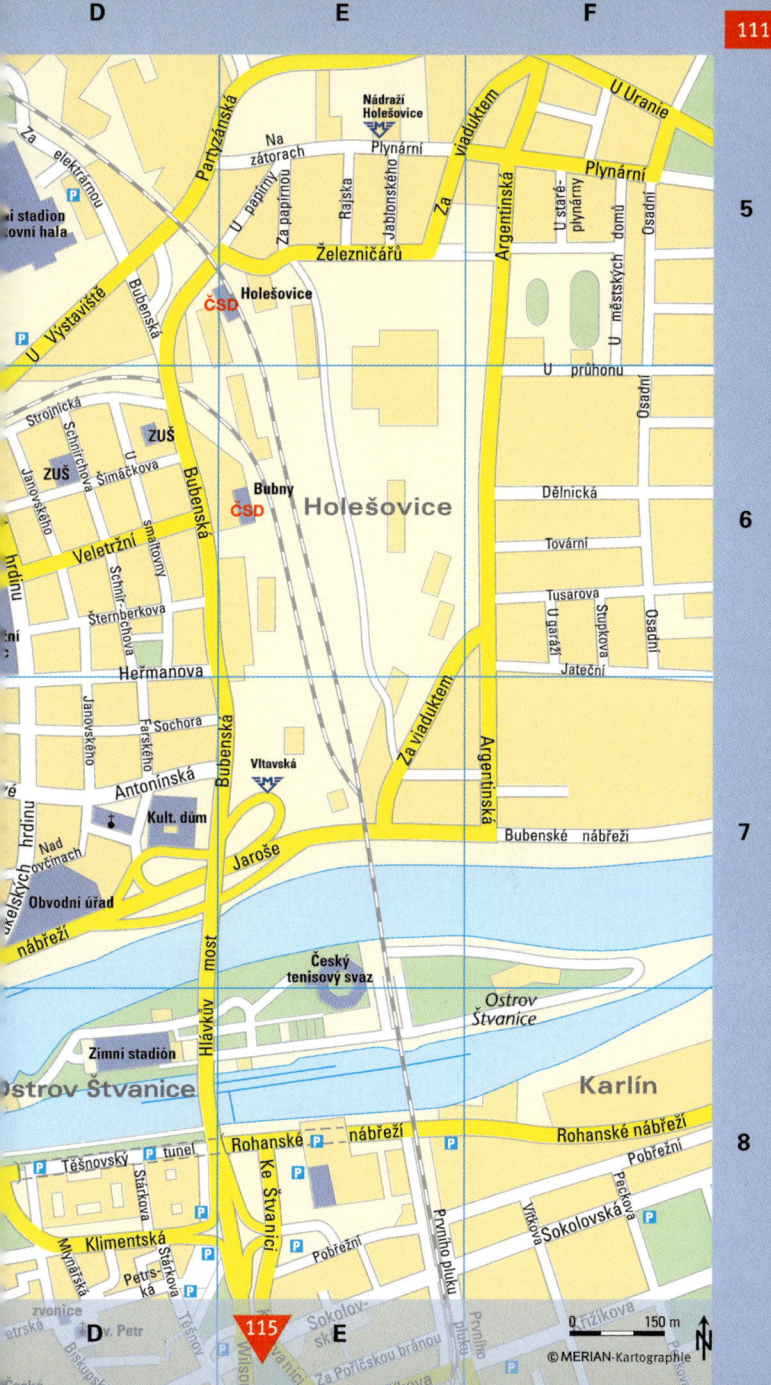

D   E   F

Za elektrárnou

Partyzánská

Na zátorach

Nádraží Holešovice

U papírny

Za papírnou

Plynární

U viaduktem

U Uranie

Argentinská

Plynární

U staré- plynárny

Osadní

i stadion ovní hala

U Výstaviště

Bubenská

Rajska

Jablonského

Za

U městských domů

U průhonu

Osadní

Železničářů

Holešovice

ČSD

Strojnická

Schnirchova

Šimáčková

ZUŠ

ZUŠ

Janovského

smaltovny

Bubny

ČSD

Holešovice

Dělnická

Tovární

Veletržní

Schnir- chova

Tusarova

Stupkova

Osadní

U garáží

Šternberkova

Hermanova

Jateční

Janovského

Sochora

Farského

Bubenská

Vltavská

Za viaduktem

Argentinská

Bubenské nábřeží

Antonínská

Kult. dům

Jaroše

Obvodní úřad

nábřeží

most

Hlávkův

Český tenisový svaz

Ostrov Štvanice

Zimní stadión

Ostrov Štvanice

Karlín

Rohanské nábřeží

Rohanské nábřeží

Pobřežní

Těšnovský

tunel

Ke Štvanici

Pobřežní

Prvního pluku

Vítkova

Pečkova

Sokolovská

Klimentská

Petrs ká

MMnářská

Pobřežní

zvonice

etrská

D. Petr

115

E

Sokolov-

Wilsono.

0   150 m

© MERIAN-Kartographie

Hradčany
(Hradschin)

Ješovická

Jízdárn
Pražského hra

Brusnice

Nový Svět

sv. Jan
Nepomucký

Národní galérie
Šternberský palác
(Palais Ste

Nad octárnou

Na
náspu
U raka

P. Maria
Andělská

Kanovnické

Arcibiskupský
(Erzbischöfl. P

Patočkova

Keplerova

Černínská

Kláštcr
kapucínů

U kasáren

Hradčanské
Vojenské
(Mus. f. Heeresge

9

Na Hubálce

Myslbekova

Hládkov

Kirche der
Muttergottes
von Loretó

Radnické
schody

Schwarzenbe
(Palais Schw

Loretánské
nám.

Nový
svet

Hládkov

Morstadtov

Černínský
palác
(Palais Czernin)

Loretánská

Jánská
ko

Bílá hora

Parléřova

Úvoz

De

Poñorelec

sv. Karel
Boromejský

Lobk
p
(Palais

sv.
Roch

Dlabačov

Strahovský kláštcr
(Kloster Strahov)

Vlašská

Strahovské
nádvoří

Diskařská

Muzeum
Miniatur

10

Vaníčkova

Strahovská

Strahovská
zahrada

Lobkovická
zahrada

Malý
stadión

Petřínská
rozhledna
(Aussichtsturm)

Zrcadlové b
(Spiegelk

kaple Bo
(Kalvárie

Strahov

Buš

St. Laurenz-
Kirche

Petřín
(Laurenziberg)
327 m

Olympijská

Vaníčkova

Ste
Stérnv

11

Stadión
Evžena
Rošického

Velký Strahovský
stadión

Chaloupeckého

Jezdecká

Šermířská

Atletická

Strahovský

Pod stadiony

Turistická

Na Hřebenkách

Na Hřebenkách

tunel

Na Hřebenkách

U Plátenice

U
Na Hřebenkách

Nesypky

12

Pod Palazou

Švédská

Nejsv. Trojice
Švédská

sv. Gabriel

Ho

Zapova

D **E** **F**

Zlatá ulička (Goldenes Gasschen)

Richterova zahr.
U Bruských kasáren
nábřeží Edvard

Míčovna (Ballhaus)

Staré české umění

6 Pražský hrad (Hradschin)
11

Katedrála sv. Víta (St.-Veit-Kathedrale)

Bazilika sv. Jiří (St.-Georgs-Basilika)

Muzeum hraček (Spielzeugmuseum)

Ledeburská zahr.

Úřad vlády ČR (Regierungsamt)

Dvořákovo nábř

Vltava (Moldau)

9

Královský palác (Königspalast)

Palais Ledebourg

Valdštejnská

Malostranská

Rudolfinum

Valdštejnské nám.

Valdštejnský palác (Palais Waldstein mit Waldsteingarten) **9**

Mánesův most

nám. Jana Palacha

Zámecké schody

Sněmovna ČR (Parlament)

Thunovská

Smetanovo

Kosárkovo nábř.

Železná lávka

Thun palác

Nerudova

Thunovská

sv. Tomáš

Vojanovy sady

Alšovo nábř.

2 Bazaar

Malostranské nám.

Tomášská

sv. Josef

U lužického semináře

Čechova

7 Chrám sv. Mikuláše (St-Niklas-Dom)

Josefská

3 Hergetova cihelna

Four Seasons **1**

Schönbornsky palác (Palais Schönborn)

Rubín

Tržiště

Musik-instrumenten Museum

Mostecká

P. Marie pod řetězem

Kleinseitner Brückentürme

Karlův most (Karlsbrücke)

sv. František z Assisi

Altstädter Brückenturm

Karel IV

Staroměst. mlýny

Opera

Vrtbovská zahrada

Velkopřevorské nám.

Lichtensteinský palác

Muz. B. Smetany (Smetana-Museum)

Novotného lávka

Anenské nám.

Schönbornská zahrada

Maltézské nám.

Maria de Victoria, Jesulein von Prag

Harantova

Stát. ústř. archiv

Nosticova

Div. Na zábradlí

Hellichova

Hellichova

U Sovových mlýnů

Kampa

Kampa Muzeum **10**

Smetanovo nábřeží

Malá Strana (Kleinseite)

Seminářská zahrada

Tyršovo muz.

Karoliny Světlé

Petřínská sady

Všehrdova

sv. Jan Křtitel Na Prádle

Říční

Střelecký ostrov

Divadelní

Slavia **3**

Dráha (Standseilbahn)

Šeří

Šeříková

Říční

most Legií

Viola

Národní

Hladová zeď (Hungermauer)

Vítězná

Zborovská

Plaská

Národní divadlo (Nationaltheater)

Laterna Magica

Ostrovní

11

Kinského zahrada

Mělnická

Janáčkovo

Na struze

Petřínská

náměstí Kinských

Justiční palác

Žofín

Masarykovo

sv. Michal

Holečkova

Labyrint

Štefánikova

Vodní

Dětský ostrov

Slovanský ostrov

sv. Vojtěch

Národopisné muz. (Ethnographisches Museum)

Kroftova

El. Peškové

Malátova

Mánes **12**

Drtinova

Zubatého

Pavla Švandy ze Semíc

Arbesovo nám.

Zborovská

Bürohaus

Österreich

Kořenského

Malostranská „Tanzendes Haus" vod. věž

Jiráskův nám.

Viktora Hugo

Presslova

Jiráskův most

Rašínovo

kl. Coer

V botanice

Matoušova

0   150 m

© MERIAN-kartographie

D **E**

Josefov
(Josefstadt)

110

Poštovní muzeum
(Postmuseum)

sv. Šimon
a Juda

Anežský klášter
(Agnes-Kloster)

Rásnovka

sv.
Kliment

Klimentská

Dvořákovo nábř.
nám.
Curieových

A

B

C

Církev
bratrská

sv. Haštal

Haštalské
nám.

Revoluční

Soukenická

Truhlářská

Starý
židovský
hřbitov

Dušní

Kozí

Haštalská

Rybná

Dlouhá

Dušní
Bílkova

Španělská
syn.

SPŠ
stav.

Elišky Krásnohorské

Pařížská

Kunst-
gewr.mus.

Altneu-
synagoge

Vězeňská

Vězeňská

Dlouhá

Masná

Masná

Benediktská

sv. Josef

Na poř

Rudolfi-
num

Vysoká

Obřadní
síň syn.

Klausová syn.

Starý žid. hřbitov

Maiselova

Široká

sv. Ducha

V kolkovně

ZUS

sv.
Jakub

Jakubská

nám.
Republiky

nám. Repub.

Nám.
Palacha

13

17. listopadu

Pinkasova syn.

Salvátor

Siroká

Jáchy-
mova

Židovské muz.
(Jüd. Mus.)
Image

Kinský-
Palais

Kozí

Malá Štupartská

Králodvorská

Bota-
nicus

Ungelt

Stupartská

U Obecního
domu

Obecní dům
(Repräsentationshau

V celnici

Univerzita
Karlova

Kaprova

Maiselova

Pařížská

Dušní

Staroměstské
nám.
(Altstädter Ring)

Teyn-
kirche

Le Provence

Ovocný trh

Prašná brána
(Pulverturm)

Hyber

Staroměstská
Veleslavínova
Loutek
Měst. knih.

Mariánské
nám.

Riše
loutek

sv. Mikuláše
(St. Niklas)

Celetná

Celetná

(A Graben)

Senovážné

Magistrát

Linhartská

Staroměstská
radnice
(Altst. Rathaus)

Staré Město
(Altstadt)

Železná

Stavovské
divadlo
(Ständetheater)

sv. Kříž

Jindřišská
věž

Archiv hl.
m. Prahy

Malé
nám.

Karolinum
sv. Havel

Div. Kolowrat

Div. Minor

Klementinum

Karlova

Karol

Michalská

Melantrichova

Havelská

Na příkopě

sv. Kříž

Nekázanka

Rytířská

Muz. Loutkářských
kultur

Klášt.
sv. Jiljí

Řetězová

sv. Jilji

Havelská

Havelský
trh

Provaznická

Casino
Palais Savarin

Panská

sv. Jindř
a Kunhut

Rúžová

U půjč

Anenská

14

Náprstkovo
muz.

Náprstkova

Betlémská kaple
(Bethlehems-
kapelle)

Betlémské
nám.

Skořepka

Uhelný

Perlova

28. října

Müstek

Mucha-Museum

Jindřišská

Müstek

Polívkových věží

Jilská

Olivova

Betlémská

113

Konviktská

sv.
Bartoloměj

Klášter
šed. sester
sv. Kříž

Bartolomějská

Na Perštýně

sv. Martin
ve zdi

Jungmannovo
nám.

Baťa

Müstek

Václavské náměstí

(Wenzelsplatz)

Div. J.
Grossmanna

Opletalova

Slavia

Studio Gag
B. Hybnera

Reduta

Divadelní

Fund
büro

Viola
Národní

sv. Voršila

Spálená

Mikulandská

Div.
za branou III

Národní
P. Marie Sněžná
(Maria Schnee)

Charvátova

Semafor

Rokoko

Kaufmans
U Nováků

Div. ABC

Petschků
palác

Opletalova

15

Klášter
sester
voršilek

V Jirchářích

sv.
Michal

Voršilská

Ostrovní

Purkyňova

Národní třída

Jungmannova

Vladislavova

Palackého

Vodičkova

V jámě

Muzeum

Na struze

Ostrovní

Pštrossova

V Jirchářích

Opatovická

Schwarzen-
berský
palác

Nejsv.
Trojice
Lazarská

Černá

Spálená

Div. Komedie

Nové Město
(Neustadt)

sv. Václav

Činoherní
klub

(National
museum)

Masarykovo

Vojtěšská

sv.
Vojtěch

Myslíkova

Na zbořenci

Odborů

Navrátilova

Řez-
nická

Příčná

Štěpánská

Ve Smečkách

Krakovská

Meziibranská

Čelakovské

Na zderaze

Jungmannova

Vladislavova

Žitná

Žitná

Schnirchova
vila

nábřeží

Dittrichova

Resslova

St.-Longinus-
Rotunde

Malá

Štěpánská

Na Rybníčku

St. Stephan

Hálkova

Miko

Vo

I. P.

Goražďova

sv.
Václav

16

sv. Kyrill
und Method

Karlovo
náměstí

Ječná

Ječná

I. P.
Pavlova

Sokolská

Goražďova

Václavská

Karlovo náměstí

Vyšehradská

St. Ignatius-
Kirche

Salmovská

Lípová

Na bojišti

Katerinská

Trojanova

Na Moráni

kého
nám.

A

St.-Katharinen-

U nemocnice

B

118

Muzeum A. D
(Dvořák-Museum)

Rumunsk

Legerov

C

Faustův Dům
(Fausthaus)

Univerzitní klinika

Viničná

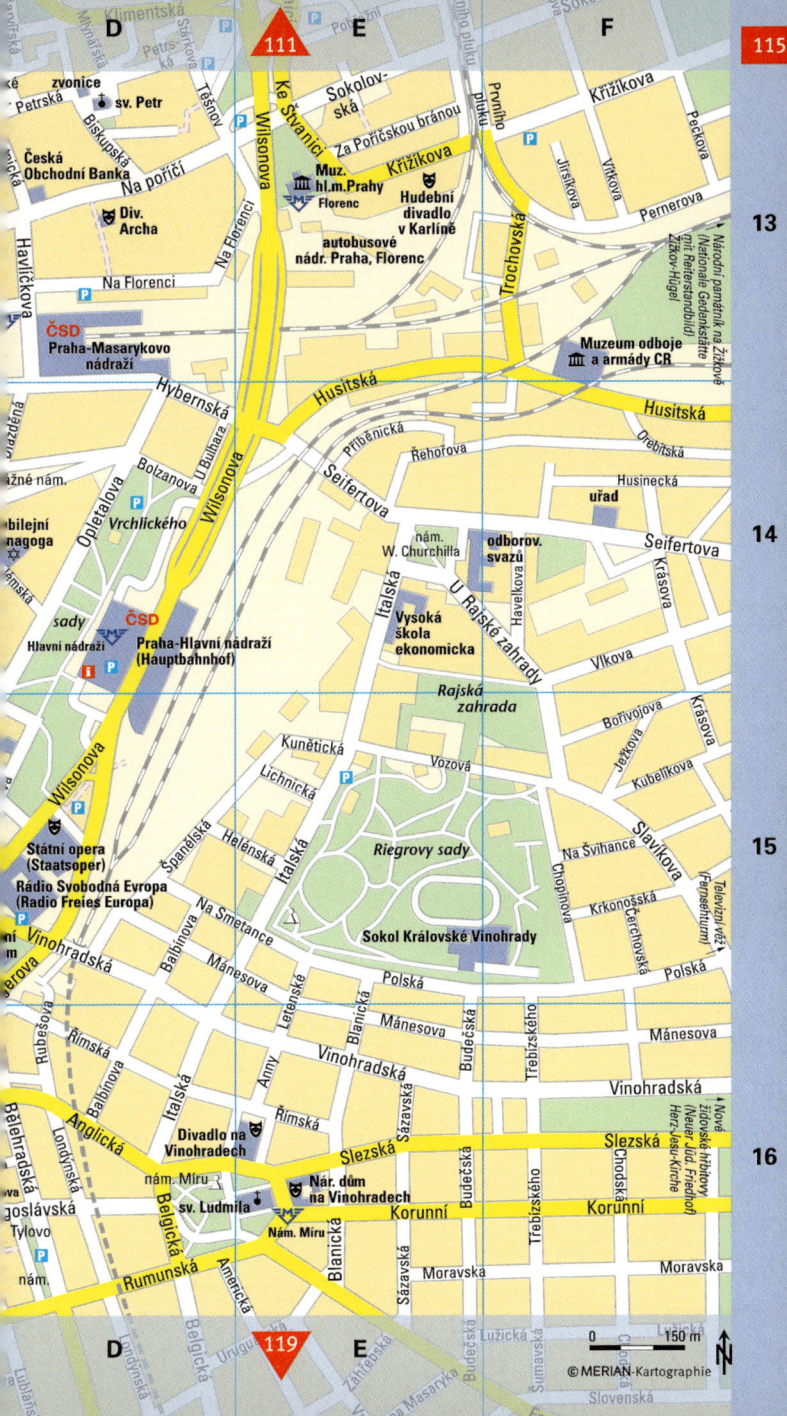

D **E** **F**

13
14
15
16

zvonice
• sv. Petr
Petrská
Biskupská
Česká
Obchodní Banka
Na poříčí
Div. Archa
Havlíčkova
Na Florenci
ČSD
Praha-Masarykovo nádraží
Hybernská
žné nám.
Bolzanova
Opletalova
Vrchlického
bilejní
nagoga
sady
Hlavní nádraží
ČSD
Praha-Hlavní nádraží (Hauptbahnhof)
Wilsonova
Ke Štvanici
Sokolovská
Za Poříčskou bránou
Křižíkova
Muz. hl.m.Prahy
Florenc
Hudební divadlo v Karlíně
autobusové nádr. Praha, Florenc
Trochovská
Husitská
Husitská
Přibáňická
Řehořová
Orebitská
Seifertova
Seifertova
nám. W. Churchilla
Italská
odborov. svazů
Husinecká
uřad
Havelkova
Krásova
Vysoká škola ekonomicka
U Rajské zahrady
Vlkova
Rajská zahrada
Bořivojova
Krásova
Kunětická
Vozová
Jeseniova
Kubelíkova
Lichnická
Slavíkova
Státní opera (Staatsoper)
Rádio Svobodná Evropa (Radio Freies Europa)
ní m
Wilsonova
Vinohradská
erova
Španělská
Helénská
Italská
Riegrovy sady
Na Švihance
Chopinova
Krkonošská
Čerchovská
Polská
Televizní věž (Fernsehturm)
Sokol Královské Vinohrady
Balbínova
Na Smetance
Mánesova
Polská
Řimská
Italská
Anny
Letenská
Blanická
Mánesova
Budečská
Třebízského
Mánesova
Rubešova
Řimská
Vinohradská
Sázavská
Vinohradská
Bělehradská
Anglická
Londýnská
va
joslávská
Tylovo
nám.
Londýnská
Balbínova
Divadlo na Vinohradech
Slezská
Slezská
nám. Míru
sv. Ludmila
Nár. dům na Vinohradech
Nám. Míru
Korunní
Korunní
Budečská
Chodská
Třebízského
Nové židovské hřbitovy (Neuer Jüd. Friedhof) Herz-Jesu-Kirche
Belgická
Rumunská
Americká
Blanická
Sázavská
Moravská
Moravská
Muzeum odboje a armády ČR
Narodni pamatnik na Žižkově (Nationale Gedenkstätte am Reiterstandbild) Žižkov-Hügel
Peckova
Vlkova
Jirsíkova
Pernerova
Prvního pluku
Křižíkova
0   150 m
© MERIAN-Kartographie
N

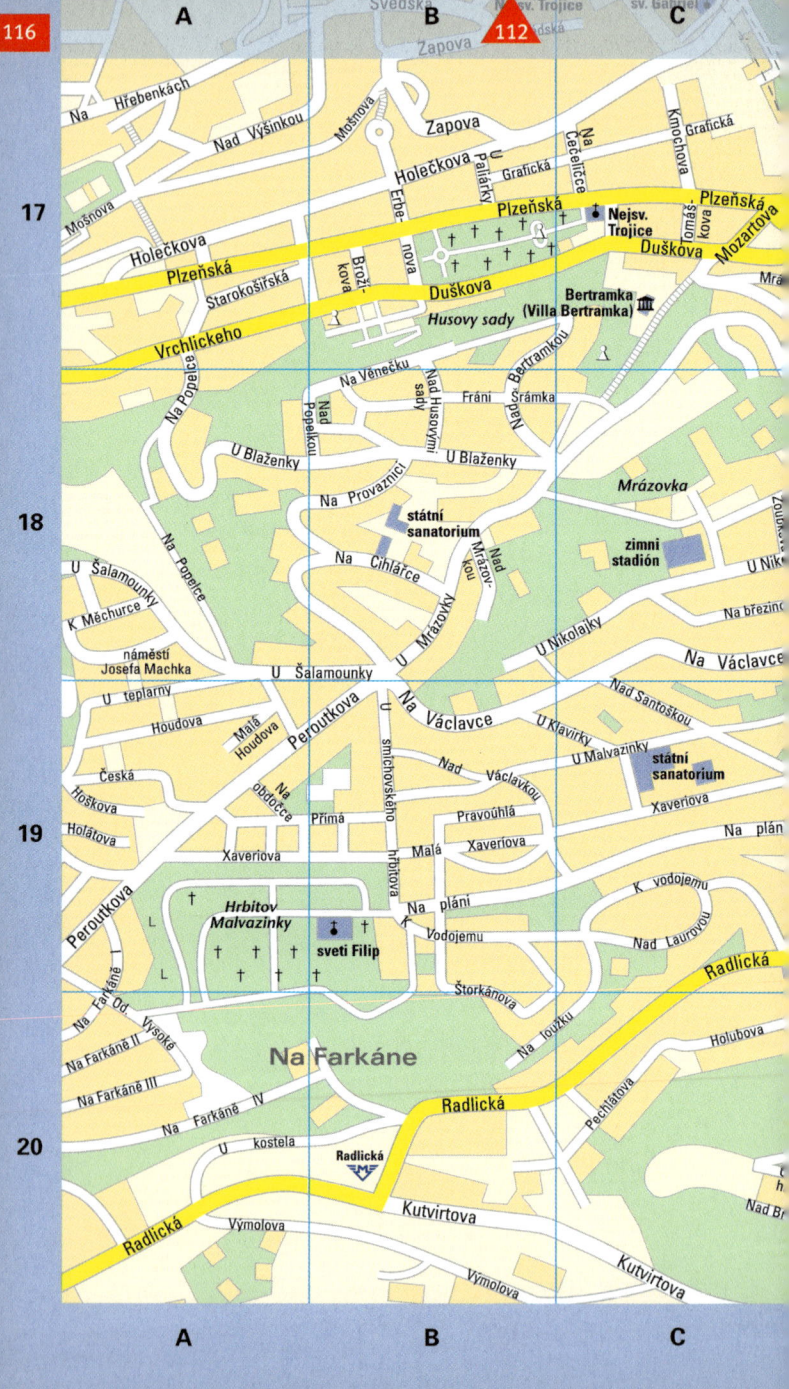

E

k. klášter
cré Coer

botanice
lova
Matoušova

Rašínovo
dova

Gorav

Na
Karl

Kartouzská

Zborovská
Lesnická

Nábřeží

Palackého
nám.

R

Podskalská

sv. Václav

náměstí
14. října

P

Pecháč-
kova

Janáčkovo nábřeží

Palackého most

Palackého
nábřeží

17

Plzeňská

Lidická

Štefánikova

Nádražní

Na bělidle

Hořejší nábřeží

Radlická

Kováků

Na bělidle

Staropramenná

Svornosti

Na Celné

Podskalská

Stroupežnického

Anděl
City

Anděl

Okresn

U Zatlance

Vltavská

Ostrovského

Hořejší nábřeží

Vltava (Moldau)

strovského

Za Ženskými domovy

Pivovarská

Svornosti

18

Na Santošky

Radlická

Na Valentince

Skalce

Kováků

Sady
Na skalce

Smíchov

Bieblova

Na Doubkové

Santoška

Pod tratí

Stadión
TJ Tatra
Smíchov

118

Nad Santoškou

Na Pavím vrchu

Kotevní

P

Strakonická

19

Braunova

Radlická

Ke Křížová

Pod
Brentovou

Pod Barvířkou

Koulce

Smíchovské
nádraží

Na Neklance

Na Neklance

Koulka

Křížová

Štefánikova

Nádražní

Císařská
Louka

Pod Kesnerkou

Franty Kocourka

20

Pod Kesnerkou

Pajerova

Koulka

Pod Kesnerkou

Franty Kocourka

Křížová

ho židovského

Pod

Dévínem

Strakonická

Kroupova

Nad Kesnerkou

K Závěrce

Křížová

0   150 m

© MERIAN-Kartographie

E

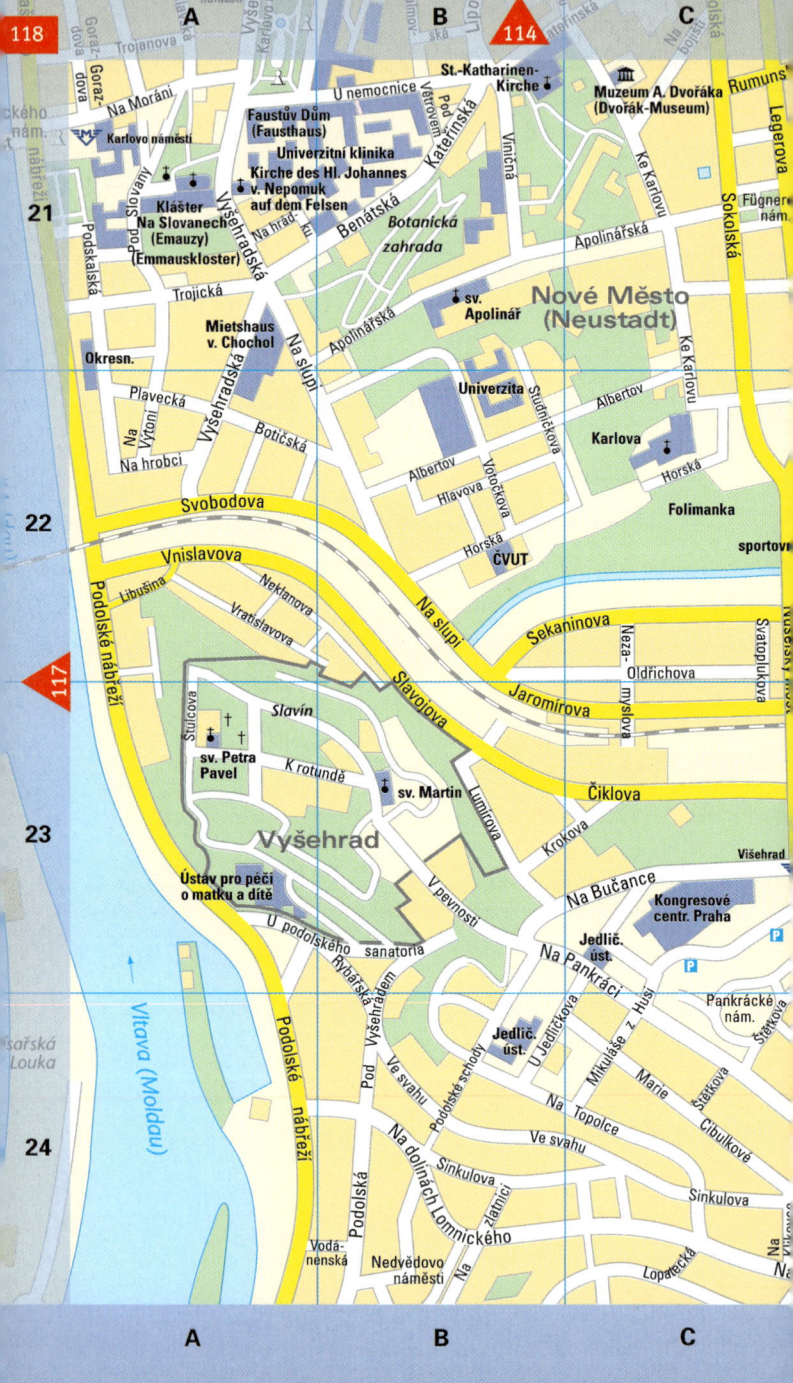

A · B · C

Na Moráni

St.-Katharinen-Kirche

Museum A. Dvořáka (Dvořák-Museum)

Rumuns

Legerova

Karlovo náměstí

Faustův Dům (Fausthaus)

Univerzitní klinika
Kirche des Hl. Johannes
v. Nepomuk
auf dem Felsen

Ke Karlovu

Fügnere nám.

Sokolská

21

Kláster
Na Slovanech
(Emauzy)
(Emmauskloster)

Na hrádku

Benátská

Botanická
zahrada

Apolinářská

Nové Město
(Neustadt)

Trojická

sv. Apolinář

Mietshaus
v. Chochol

Apolinářská

Univerzita

Studničkova

Albertov

Ke Karlovu

Okresn.

Plavecká

Na Vápenici

Na hrobci

Botičská

Albertov

Hlavova

Voročkova

Karlova

Horská

Folimanka

22

Svobodova

Horská

ČVUT

sportov

Vnislavova

Libušina

Neklanova

Vratislavova

Na slupi

Sekaninova

Nezamyslova

Oldřichova

Svatoplukova

117

Podolské nábřeží

Slavojova

Jaromírova

Slavín

sv. Petra
Pavel

Stulcova

K rotundě

sv. Martin

Lumírova

Čiklova

Višehrad

23

Vyšehrad

Krokova

Na Bučance

Kongresové
centr. Praha

Ústav pro péči
o matku a dítě

V pevnosti

Jedlič.
úst.

U podolského
sanatoria

Na Pankráci

Pankrácké
nám.

Rybářská

Pod Vyšehradem

Jedlič.
úst.

U Jedličkova

Mikuláše z. Husi

Marie

Štětkova

Čibulkové

Vltava (Moldau)

Podolské
nábřeží

Ve svahu

Podolská

Na Topolce

Na dolinách

Ve svahu

24

Lomnického

Sinkulova

Zlatnici

Sinkulova

Lopatecká

Vodánenská

Nedvědovo
náměstí

Na

sařská
Louka

A · B · C

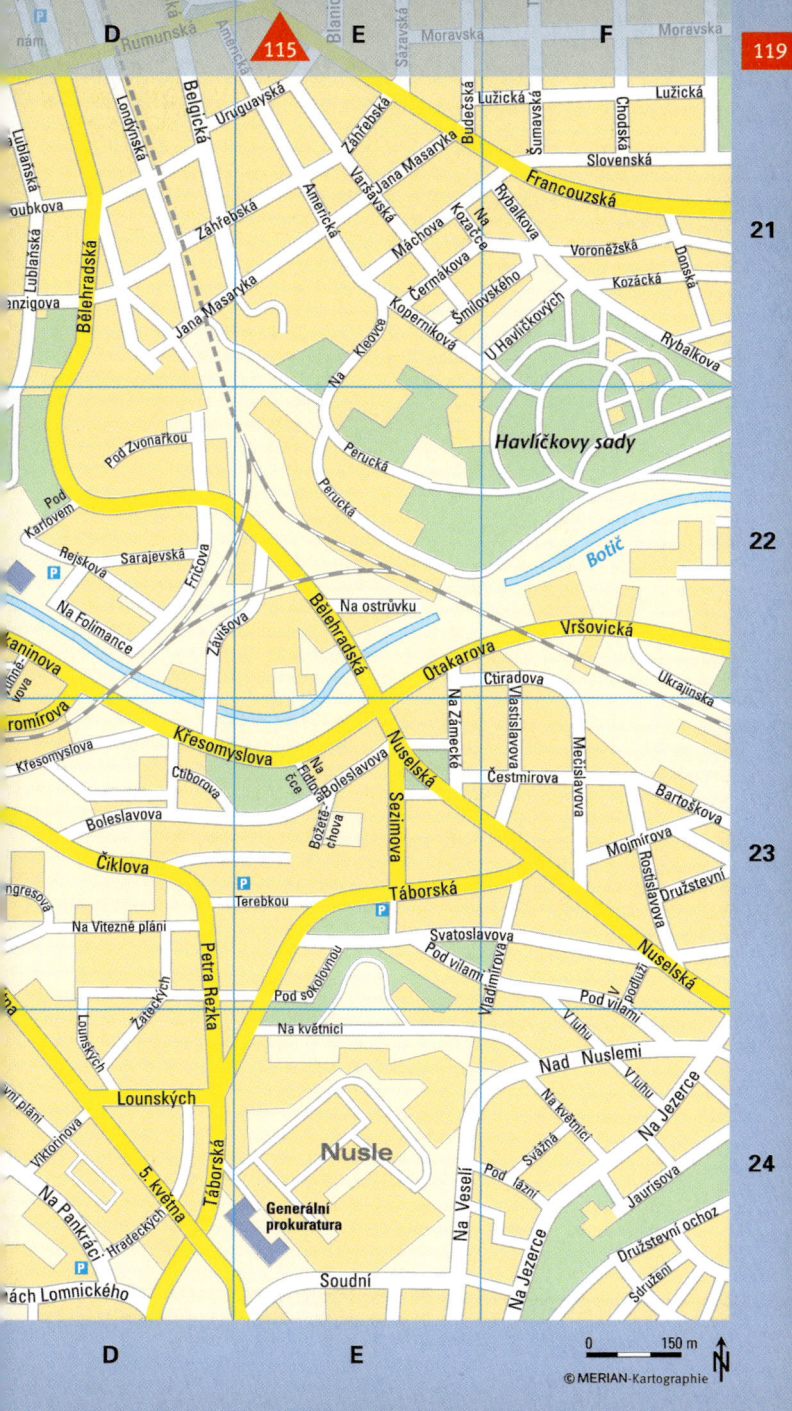

D E F

21

22

23

24

D E

Rumunská

Blanic

Moravská

Moravská

Lublaňská

oubkova

enzigova

Lublaňská

Londýnská

Bělehradská

Belgická

Uruguayská

Záhřebská

Jana Masaryka

Varšavská

Záhřebská

Americká

Jana Masaryka

Máchova

Čermákova

Kopernikova

Kleovce

Na

Kozácce

Kozácce

Na

Budečská

Lužická

Šumavská

Rybalkova

Šmilovského

U Havlíčkových

Chodská

Lužická

Slovenská

Francouzská

Voroněžská

Kozácká

Danská

Rybalkova

Pod Zvonařkou

Perucká

Perucká

Havlíčkovy sady

Pod Karlovem

Rejskova

Sarajevská

Fričova

Na Folimance

Na ostrůvku

Botič

Vršovická

Vaninova

nová

romírova

Křesomyslova

Křesomyslova

Závišova

Bělehradská

Na Filipa
čce

Boleslavova

Otakarova

Nuselská

Na Zámecké

Ctiradova

Vlastislavova

Vršovická

Ukrajinská

Čestmírova

Mečislavova

Bartoškova

Ctiborova

Boleslavova

Čiklova

ngresova

Na Vítezné pláni

Terebkou

Božetě-
chova

Sezimova

Táborská

Svatoslavova

Pod vilami

Vladimírova

Mojmírova

Rostislavova

Družstevní

Nuselská

Pod vilami

V luhu

Petra Rezka

Pod sokolovnou

Na květnici

Žateckých

Lounských

Lounských

ovní pláni

Viktorínova

5. května

Táborská

Hrádeckých

Na Pankráci

Nuse

Generální
prokuratura

Soudní

Nad Nuslemi

Na květnici

Pod lázní

Svážná

Na Veselí

Na Jezerce

Na Jezerce

V luhu

Jaurisova

Družstevní ochoz

Sdružení

ách Lomnického

0 150 m

© MERIAN-Kartographie

Hier finden Sie alphabetisch aufgeführt alle in diesem Band beschriebenen Sehenswürdigkeiten und Museen, Hotels (H) und Restaurants (R). Außerdem enthält das Register wichtige Stichworte sowie alle MERIAN-Tipps und MERIAN-TopTen dieses Reiseführers. Wird ein Begriff mehrfach aufgeführt, verweist die **fett gedruckte** Zahl auf die Hauptnennung in diesem Band.

DEUTSCHLANDS BESTER BEIFAHRER.

Liebe Leserinnen und Leser,
wir freuen uns, Ihre Meinung zu diesem Reiseführer zu erfahren. Bitte schreiben Sie uns, wenn Sie Berichtigungen und Ergänzungsvorschläge haben oder wenn Ihnen etwas besonders gut gefällt:

TRAVEL HOUSE MEDIA GmbH, Postfach 86 03 66, 81630 München
E-Mail: merian-live@travel-house-media.de Internet: www.merian.de

DER AUTOR
Diesen Reiseführer schrieb **Thomas Veszelits,** Jahrgang 1947. Er ist Absolvent des Prager Konservatoriums und ging nach dem »Prager Frühling« ins Exil. Laufbahn als Feuilletonist, Fotograf und Dokumentarfilmer. Nach der Wende als Ost-Korrespondent tätig, 1995 als Chefredakteur der Tageszeitung »Dobrý večerník« (Gute Abendzeitung) wieder nach Prag berufen. Danach wurde er Pendler zwischen der »Goldenen Stadt« und München.

Alle Angaben in diesem Reiseführer sind gewissenhaft geprüft. Preise, Öffnungszeiten usw. können sich aber schnell ändern. Für eventuelle Fehler übernimmt der Verlag keine Haftung.

Bei Interesse an Karten
aus MERIAN-Reiseführern
schreiben Sie bitte an:
iPUBLISH GmbH, geomatics
Berg-am-Laim-Straße 47
81673 München
E-Mail: geomatics@ipublish.de

FOTOS
Titelbild: Karlsbrücke mit Altstädter Brückenturm (Bildagentur Huber/ Giovanni Simeone);
alle übrigen Fotos T. Veszelits, außer: Celentano/laif 88/89; K. de Cuveland 19, 32, 61; W. Dieterich 56; H. Hamann 20, 36, 74; E. Hartl 82; G. Hartmann 7, 46/47, 64; Hotel »The Iron Gate« 14; J. Kalmar 48; Modrow/ laif 10/11, 17, 25, 26; I. Pompe/look 35, 70/71; Silvestris/L. Janicek 51; Spectrum pictures/laif 41; srt-Bild 29, 50; O. Stadler 8; Transglobe Agency 86; M. Weinzierl 44; E. Wrba 12

PROGRAMMLEITUNG
Susanne Böttcher
REDAKTION
Waltraud Ries,
Ewald Tange, tangemedia, München
GESTALTUNG
wieschendorf.design, Berlin
KARTEN
MERIAN-Kartographie
PRODUKTION
Martina Müller
SATZ
Ewald Tange, tangemedia, München
DRUCK
Appl, Wemding
BINDUNG
Auer, Donauwörth
GEDRUCKT AUF
Luxosamtoffset von Schneidersöhne

5. Auflage
ISBN 3–7742–6090–7

TRAVEL HOUSE MEDIA

Ein Unternehmen der
GANSKE VERLAGSGRUPPE